静安“教育拔尖人才项目”人选教育研究系列丛书

沉思沉吟为课堂

——我的地理教学实践与思考

陈杰 著

上海教育出版社
SHANGHAI EDUCATIONAL
PUBLISHING HOUSE

总　序

为实现更高品质的教育国际化和更高水平的教育现代化，建立教育高端人才培养梯队，确保静安区普教系统名校长名师队伍的可持续发展，静安区教育局自2009年起实施“教育拔尖人才项目”培养工程，致力于教育高端人才的培养。

“教育拔尖人才项目”培养工程有着清晰的目标，即通过项目的实施，培养出一批专家型、学者型的校长（书记）和教师，促其成长为教育管理、教育、教学领域的领军人才，成长为上海市的知名校长（书记）和教师。

教育高端人才的成长有着自身的规律，区教育局依据“因材施教”和“做中学”的理念，遵循个性化、自主性和实践性的培养原则，尝试了区域高端教育人才培养工作的创新实验。

“教育拔尖人才项目”培养人选，根据自身特点和潜能，自行确定发展目标，自主选择最佳发展路径，真正做到学习进修成才途径的个别化、多样性，自主灵活，不拘一格，这是我区“教育拔尖人才项目”培养工程创新实验的主要特点。

“教育拔尖人才项目”培养人选，自行选择发展路径的有：自行选择市内教育名家带教培养；选择硕士、博士学历、学位进修；区内外轮岗锻炼；主持区、市级科研课题研究；出版个人学术专著，等等。

我们教育行政部门需要做的是：积极拓宽学习进修渠道，尽心搭建高层次锻造磨练平台，充分创造条件满足培养人选的发展需求。

在区教育局“积极引导、尽心服务，自主学习、主动发展”的工作思路指引下，部分入选的校长、书记和教师选择了出版个人学术专著作为自己学习进修成才的主要途径。

在学术专著的撰写过程中，作者们刻苦学习钻研当前教育改革的新理论，努力夯实自己的专业基础；他们紧密联系教改实践，聚焦教育热点，积极地对教育的改革和发展提出新问题、新观点、新方法，并力图揭示新规律或总结新经验。

每位静安"教育拔尖人才项目"培养人选在撰写和不断完善个人学术专著的过程中，经受了淬炼，并取得了难能可贵的进步；他们在专著中体现了广博深厚的教育理论功底和精湛的教育教学艺术特色。我们殷切希望，他们能以此为发端，坚持不懈地探索与实践，继续前行；同时也希望这些专著中对教育改革的探索和实践，取得的经验和成果，能为本区，乃至全市、全国的基础教育改革提供一些参考和借鉴，并经受住实践的检验。

在此，对在我区"教育拔尖人才项目"培养人选个人学术专著的选题、撰写、完善过程中给予指导、帮助的各位带教导师，在项目实施过程中参与对专著评估、研讨的各位评委专家，以及对作者成书给予各种支持的同行们，表示衷心的感谢！

静安区教育局

2021 年 6 月

做一个有底蕴、有特色的地理教师

最近，得知陈杰要出一本地理教学实践与探索的著作，我作为他的老师，自然很高兴。据我所知，他出生在四川乡村，考到华东师范大学地理系，给人的印象为人诚实，作风朴实，学习扎实。在我的心目中，他就是一个地地道道的好学生。1991 年毕业后，他被分配到上海彭浦中学教地理，这一干就快 30 年了。其间，他又在华东师范大学完成了地理教学研究生课程班的进修任务。教地理，他是一个“沉”得下心、“沉”得下去的好老师。如今，他在已经获得高级教师职称的基础上，又在专业发展的道路上攀登新的台阶。翻阅他题为“沉思沉吟为课堂”的书稿，我想，文如其人啊，“沉思沉吟”不就是他喜欢静思、处事低调的最好写照吗？

“忽觉犹言是，沉思始悟空。”这是唐代文人沈佺期的诗句，意指：沉思才能对一些言说豁然开朗，也才能透彻地悟出道理。沉思是人们认真、深入思考问题的一种状态，是在寂静和孤独中对某个中心意念或意象的深沉思索，也是一个人认识事物本质或者进行自我反思的一种方式。陈杰就是这样一个沉思者，具体表现在：一是思考地理学科的育人价值，他从立德树人的高度认识地理认知与国家认同、文化自信的关系；他善于从地理课程内容中挖掘民族精神教育的元素；他在地理教育的丰富内涵中梳理出情感、态度与价值观的目标；他将“中国地理”“世界地理”教学与爱国主义教育融为一体；他在天地之际、人地之间搭起了一座科学与人文教育的桥梁。二是思考基于核心素养培养的新课堂教学模式，他努力架构“素养本位”（地理素养四维度）的课堂教学结构；他尝试用“大概念”统驭地理课堂的教学链与信息流；他用丰富多彩的地理情境吸引学生注意力；他喜欢抛出一个个问题以激起学生思维的涟漪。三是思考地理学习的新途径，他从研学旅行的角度反思地理教师实践能力的短板；他从地理探究学习的角度开拓地理学科联系生活、联系时事、联系科技、联系文化的新视域。这本书稿的字里行间无不反映出一个地理教师的思维火花与智慧亮点。

“吟诵有所得，众神卫我形。”唐代诗人李白的这一诗句，释义为：吟诵（读书）会有所获有所得，就像许多神会保护你那样有底气。陈杰是一位沉吟者，他喜欢在沉思中沉吟。他的沉吟是一种人文精神的反映，他赋诗纪行，记录了旅途中的所见所闻；他吟诵咏怀，抒发了心中的感慨。他的沉吟又是一种人文关怀的体现，将繁复的地理知识简编成可以吟诵的歌诀，以便让学生读来琅琅上口，易懂易记。有人会说，“歌诀法”有点小儿科。陈杰不是这样认为的。他考虑到，学生的精力、学力与学习任务、目标总是存在矛盾的，有相当一部分学生学习地理，尤其是在学习地理原理上会产生一定困难。于是，他就在课堂中使用了“歌诀法”进行教学，取得了良好的效果。他还组织老师编写了一本用歌诀法归纳高中地理知识的复习手册，别出心裁，颇为实用。我看了，觉得不错，建议他出版。陈杰坚信，有效的记忆对地理学习是有帮助的，并在此方面进行不懈的探索与积累，逐渐形成自己的教学特色。其实，陈杰是有“十八般武艺”的，在地理课堂中，“情境教学法”“问题教学法”“任务驱动法”“纲要信号法”“发现教学法”等模式，他都会灵活运用。可贵的是，他心中有学生，他的教学体现了因材施教、分层指导，他既会对学优生提出探究性问题展开思辨，又会对学困生用深入浅出的语言娓娓道来。他选择采用不同的教学行为，都是为了学生！

“落红不是无情物，化作春泥更护花。”教师作为学生的“护花使者”，首先，要对学生有满腔热情。陈杰说得好，“传道亦传情”，从某种意义上讲，传情是要高于传道的。设想一个冷冰冰的教师，怎么能够承担教书育人的使命呢？因此，教师要关心学生的疾苦与困难，了解他们的心理与想法，走进他们的精神世界，成为他们的好朋友。其次，要在教学过程中“春风化雨润无声”，自然而然地传递健康向上、乐观美好的情感。例如，运用地理景观的图像与视频，激发学生热爱大自然的情感；利用区域发展的案例，培养学生爱国爱乡爱家园的情怀；通过欣赏各种地貌河湖的壮阔与秀丽，陶冶学生的审美情操；在领略人地关系的和谐之中，培育学生保护生态环境的人文情愫，等等。最后，教师还要善于引导学生把自己在地理学习中获得的热爱地球、欣赏自然、爱护环境、爱好和平的美好情感与公民应有的活跃而负责任的态度传递给身边的每个人。让我们的世界、我们的人间变得更加美好！

“师者，所以传道、授业、解惑也。”狭义的“传道”专指传授做人的道理。广义的“传道”是指传授各种道理、道义、原则，如人生之道（人生观）、为人之道（道德）、知识之道（学问）、方法之道（方法论）等。陈杰所指的“传道”应该包括“授业”的内涵。这里，我不想面面俱到地讲各种道理，只是强调一下教师应该具备的知识底蕴。当前存在一种倾向：某些教师热衷于赶时髦与玩弄辞藻，追求一些华而不实的教学模式，而忽略了课堂教学赖以生存的本体性知识——学科专业知识与学科教学论知识。就地理学科而言，一个教师如果不具备强有力的地理本体性知识，是难以胜任地理教学任务的。“学然后知不足”，陈杰在这方面是做得好的，他一直认为自己的底蕴需要不断积淀，厚积才能薄发，因此他始终处在学习的状态。记得一次他开了一堂“水循环”的公开课后，仍然意犹未尽地提出了一些问题和我探讨。其中有的问题是我以前没有想到过的，这说明他想得很深。我们一直在说要倡导“深度学习”，什么叫“深度学习”？深度学习就是要深度思考，就是要不放过一个疑难问题，锲而不舍，探究到底。陈杰的这种精神如果保持下去，对于他的专业发展是大有裨益的。

“东方欲晓，莫道君行早。”衷心祝愿陈杰继续“沉思沉吟”，努力“传道传情”，“百尺竿头更上一层楼”！

让我们共同为地理教育的繁荣作出新的贡献！

华东师范大学教授、博士生导师　夏志芳
2021 年 5 月 30 日

目　录

前言　沉思沉吟，传道传情

执教年复年，学生届复届。

我在故我思，我思故我在。

传道传情无止境，沉思沉吟无尽时。

——题记

就内容而言，中学所传授的基本是成熟的、有定论的知识；就教学对象而言，教师所面对的是学识还很有限的孩子。那有什么需要沉思、值得沉吟的呢？的确，如果把教学仅仅看作知识及技能的传授，那只需要灌输和操练了。但中学地理教育显然不限于此。在相关知识及技能传授的基础上，教学要指向“立德”“树人”“铸魂”；在知识与技能目标之外，教学还必须追求相应的情感、态度和价值观目标，还必须考虑“过程与方法”的价值。所有这些，都非得“沉”下去深入地思考、周密地安排、精心地设计。

有实践、有思考，就会有发现、有成果，就会逐步地形成教学的特点与风格。省思数十年来的教学历程，笔者充分认识到学科德育的重要性，教学中更为重视学科的德育内涵，重视学科德育功能的发挥。因此，顺理成章，本书第一部分是“地理学科中的德育思考”。地理学科的德育内涵非常广泛，所具备的德育意义也极为深远，笔者在课堂实践和教育科研中对比都感悟深切，特别是在爱国主义教育方面。

2017 年版《普通高中地理课程标准》的颁布使中学地理教育翻开了崭新一页。聚焦地理核心素养的落实，研读新课标、实践新课标、贯彻新课标，众多新颖的话题激发了无尽的思考和讨论。作为尚使用着老教材的一线教师，本书第二章以较为独特的基点和视角，讨论了许多契合教学转型发展的实际问题与困惑，诸如核心素养在具体教学内容中的存在与表现，核心素养与教学内容的具体关系，问题式、项目化教学等。本章多数讨论都以“水循环”为例，旨在以“解剖麻雀”的方式把问题分析透彻，把讨论引向深入，以寻找普遍的规律，而非形成孤立的个案。课堂中“情境与问题”如何创设？相关具体知识内容的地理核心素养如何评价？“问题式”教学如何实施？这些在本书中都有较深入的分析和研讨。

如果说以上两章是“沉思”的结果，第三章“歌诀法教学研究与运用”则可看作“沉吟”的表现。就学科属性而论，地理学科兼有自然科学和社会科学的性质；中学师生中则流传着地理是“理科思维、文科表达、文理交融”的说法。因此，地理教学不论学科内容的归纳还是学科问题的分析，其中的语言表达都是一个非常值得研究的问题，特别是在基于复杂现实情境、不良结构的开放性问题的解析中。笔者认为，通俗所谓的审题其实质就是地理背景、地理情境下的阅读理解问题，答题则是学科背景、学科情境下基于分析、判断、思维结果的说明表达问题。学生对相关情境的认知得依赖基于地理核心素养的阅读，教师对学生进行的思维结构等评价则要依据学生对问题回答的语言表达。我深切地感悟，所有这些都需要浸润其中，反复而深入地“沉思沉吟”。

沉思复沉吟，传道亦传情！长期“沉吟”的结果，是围绕高中地理教学，笔者编制出了较为可观的系列歌诀，并在此基础上逐渐形成了“歌诀法教学”特色与风格。需要特别指出的是，本章所谓“歌诀法教学”绝不是简单地指向知识记忆，更不是对知识的死板、生硬记忆。实际上，笔者编制的许多歌诀是经历多姿多彩的课堂活动后形成的知识内容的合成体、结晶体，它们简洁地表达出知识的结构与关联，内含了程序智慧并形成为网络体系；一诀在口，它们是犹如孙大圣一样的精灵，充满着变化与活力，足堪迁移与运用。一般地，歌诀法教学能使学生的课堂获得感明显提升，由此，教学效率也显著提高。

本书第四章为若干基于课堂实例的教学感悟，以及对若干课堂上位层次问题的思考。作为长期扎根于教学实践的一线教师，学生和课堂是我们最重要、最宝贵的教研资源。基于对课堂的深切体验和与学生的朝夕相处，本章相关的教学感悟具有浓郁的课堂气息和坚固的实证力量。同时，这些教学感悟也体现着笔者对学生和课堂的挚爱，反映了相关教学风格、特点形成的源流和过程，其目标则指向教学改进，指向为学生创设更优质的课堂。

当然，宏观地看，课堂教学实际上是一个非常复杂的系统工程，从党和国家层面的教育方针到课程标准，到教材体系，到具体的教学目标、考试要求，这些都是居于课堂上位的较为宏观的问题，而且它们也处在与时俱进的发展变化中。作为一线教师，尽管勉为其难，但为着创设更高质量、更高效率，更符合新时代要求的课堂，我们也需要孜孜不倦地深入学习和钻研，奉献绵薄之力。

本书中的多篇文章为已经发表过的论文，后经过笔者较多系统的修改整理。编撰中，笔者得到上海市特级教师、正高级教师周义钦先生的悉心指导；华东师范大学夏志芳教授在百忙中审阅文稿并撰写了序言；相关评审、编辑专家与领导的宝贵意见也体现在书中；还有各方面给予的大力支持和帮助，谨此致以衷心感谢！限于笔者水平，本书不足之处恳请读者批评指正。

第一章 地理学科中的德育思考

立德树人,培养德智体美劳全面发展的社会主义建设者和接班人,这是学校教育教学的根本任务。对于中学地理学科来说,其中的德育元素极为广泛,德育意义极为深远。对此,笔者在教学实践和教育科研中有不少较为深刻的感悟。重视以爱国主义教育为主要内容的德育,重视情感、态度与学生价值观的塑造也成为笔者教学中一个较突出的特点。

作为一门学科,地理的任务似乎主要是解决人们对客观世界的认知问题,而德育的任务则是塑造人们的主观精神。但人们的主观精神总是基于对客观世界的认知,主观精神世界上出现的问题多数也正是源于客观认知的缺陷或扭曲。国家认同、文化自信及爱国主义等德育内涵,都与相应的地理环境、地理事件、地理建设、地理认知密切关联,因此,它们实际是内涵于地理学科中的。如此看来,将其表现于地理课堂,在地理课堂中高度重视德育,努力实施德育其实是地理教学的应有之义。

第一节　地理认知与国家认同、文化自信的关系

一、地理认知与国家认同

（一）地理认知与国家和民族认同

在2008年中图版高中地理教科书中，民族被认为是“历史文化的产物”，而不是“自然遗传的产物”；是“不同地域的人，由于经济生活、语言文字、风俗习惯和历史发展的不同而形成的社会共同体”①。某些民族在组成上甚至还是跨种族的。由此看来，相当程度上，民族是由文化建构的。如果采用“美利坚民族”“中华民族”这样的概念的话，民族由文化建构形成的属性就更加明显——基于国家认同形成了民族。

由于是“一定地域的人形成的社会共同体”，在民族的文化建构中，人们对所处地理环境的认知就起着非常重要的作用；何况，地理环境还深刻地影响着人们的经济生活、语言文字、风俗习惯和历史发展。著名历史地理学家侯仁之先生曾提到，我国历史上第一篇最重要地理著作《禹贡》成书于“列国并起、群雄割据”的春秋战国时代。但该书的作者却借大禹治水的传说，“用极其简洁精炼的文字描绘出一个理想化了的大一统的国家”②。由此可见，对中华民族来说，理念上的大一统国家出现在事实上的大一统国家（秦王朝）之前。

秦王朝的统治有许多暴虐之处，但从宏观历史上看，它的形成与建立是进步的，在当时是人心所向。《禹贡》正代表着这样的人心所向。作为一部地理著作，《禹贡》表达出的“人心所向”的依据是什么呢？即人心何以会盼着一个大一统国家出现呢？依据正是当时人们的地理认知。这种地理认知并不单纯是对自然区域、自然地理的认知，还包含了对“治水”这个重大的改造自然的实践活动、当时农业、交通等经济生活、区域划分等有关人地关系处理的种种综合性问题的认知。于是，在《禹贡》作者的心中，当时

---

① 白光润，江晔等.高级中学地理课本[S].上海：中国地图出版社、中华地图学社，2018：109.

② 侯仁之.继承和发扬我国古代地理著作中的爱国主义精神[J].地理教学，1983(5).

人们称为“天下”的地域就自然地成为一个整体；于是，民族这样的社会共同体、大一统国家的形成与出现，就是再顺理成章不过的事情了。

我国另一部不朽的古代地理著作是《水经注》，侯先生评论说，它出现在南北朝这个“政治上分崩离析”的年代。虽然其作者成长在“异族统治之下”，“却没有把自己的眼光局限在他所生活和工作的北魏王朝疆域之内”；其“心中向往的却是《禹贡》所描写的，秦汉以来所实现了的那个伟大的国家”；“他抓住了属于自然因素的全国的河流水系这一条纲，就把当时任何人为的政治疆界的限制都打破了”①。换言之，不论当时政治上如何分崩离析，在人们的认知中，河山依旧、天下依旧，国家终究是要统一的。

“天下之势，分久必合、合久必分”，这句《三国演义》的开篇词确实是对我国古代社会演进的一种写照。但显而易见，其中合才是主流，才是长期的、趋势性的，而分的时期总是伴随着战乱和灾难。在现代组织体系之下的当代中国，合的态势更是毋庸置疑。

综合对比世界古今的众多大国，它们的形成、演化、发展各有其包括地理环境、地缘政治等在内的复杂缘由。而我们伟大的祖国确乎是唯一有着悠久历史、深厚传统，历经磨难却“其命维新”的大国。这既是这块土地所养育的中华民族的骄傲，也是中华民族在这块土地上创造的辉煌。它们共同构成我们国家和民族认同的坚实基础和充足理由。

（二）地理认知与家国情怀

家国情怀即个人对家园、对祖国所怀有的情感，所具有的胸怀。这属于人的主观精神世界现象，而地理科学是人们对客观世界的理性认知。因此家国情怀一般并不直接表现在地理学科内容中，而主要表现在文艺作品中。但因为情怀所涉及的对象是家园、是祖国，因此在表现家国情怀的文艺作品中，地理认知往往是其中必不可少、必然出现的元素。

试看歌咏家乡的名曲《人说山西好风光》歌词：“人说山西好风光，地肥水美五谷香，左手一指太行山，右手一指是吕梁。站在那高处望上一望，你看那汾河的水呀，哗啦啦地流过我的小村旁。杏花村里开杏花，儿

---

① 侯仁之.继承和发扬我国古代地理著作中的爱国主义精神[J].地理教学，1983(5).

女正当好年华，男儿不怕千般苦，女儿能绣万种花……”它给人感觉充满乡土气息，诗情画意、志气昂扬。但以地理眼光看，歌者所唱的是地形、水文、土壤、气候、聚落、农业，以及民族性格、民族精神等。学科概念是概括的、抽象的、理性的，不具有明显的情感色彩；但它们与歌词中的内容却又是同一的。实际上，抽象的学科概念也离不开具体、感性的事物，这正是地理课堂经常引入文艺作品来辅助教学的原因。

又如一度风靡的《我和我的祖国》歌词：“我和我的祖国，一刻也不能分割……我歌唱每一座高山，我歌唱每一条河。袅袅炊烟，小小村落，路上一道辙。我最亲爱的祖国……你用你那母亲的脉搏和我诉说。我的祖国和我，像海和浪花一朵……永远给我碧浪清波，心中的歌。”这之中，“高山、河流、村落、脉搏、大海、碧浪清波”，尽管这些都不是确指，但歌者与听者都明白，这是在唱“我和我的祖国”。因为在我们的地理认知、地理常识中，我国是个多山、多河流的国家，我们有着源自农耕时代的乡愁；我们又是一个海洋国家，有着对“碧浪清波”的追求。伴着优美的旋律，聆听这样的吟唱，家国情怀当然就油然而生。这样的家国情怀也自然地激荡起人们对祖国、对家乡深厚、诚挚、广泛的热爱。

在这首歌（其他歌曲也类似）众多版本的音乐电视节目中，画面中呈现的是各种各样的景观、场面，各种各样的人物、事件——它们可能与歌词内容毫不相干，却和谐地交融为一体。因为那种感性的、情感的投射对象几乎可以是家国中的一切事物。这样的反映与表现方式显然不同于理性、概括、抽象的，要求严密逻辑论证的地理科学认知。但它们又并不矛盾，它们是属于人们面对地理环境、地理事物这同一对象的相互联系、相互支持的主观反应的两个方面。在我国古代的地理著作中（如《徐霞客游记》），这样的两个方面是更直接地融会交织在一起的。

人为什么会产生家国情怀呢？按心理学的研究，情感是人对客观事物的态度体验及相应的行为反应，是人的主体需要、愿望与客观世界、客观环境相互作用的产物。人们生活在自己的家园、国家中，在对家园、国家的依赖与密切作用中而逐渐熟悉之、亲切之、依恋之，进而欣赏之、感恩之，与之产生共振与共鸣，进而对之产生责任感、使命感。可见，家国情怀的产生实际上是正常的、必然的，没有家国情怀者才是另类。

二、世界眼光下的文化自信

我国古代人民以所知道的地域为整体，称为天下；中原王朝与周边地区则建立了西方所谓的“朝贡体系”。“地理大发现”后西方崛起，林则徐被称为睁眼看外部世界的第一人。近代以来，我国经历了许多屈辱与曲折，但总体来说我们的历史宏伟而壮阔，直到“全球化”“地球村”的当代。随着改革开放事业的推进、信息化的发展，也得益于包括地理教学在内的教育事业发展，我国人民对世界的认识日益全面、丰富、科学，由此形成我们的世界眼光。

以世界眼光审视，我国被居于话语主导地位的西方国家排除在“民主社会”之外。经过积贫积弱的近代，“民主”是“五四”以来我们反思自己传统文化、向现代社会转型中所极力推崇的“德先生”。发展至今，我们的民主实践的确不同于西方“民主”国家，不像他们常发生“充满悬念”与“戏剧冲突”的票决。对此，一些国人幼稚地觉得“心虚气短”，一些人则趁势起哄。

其实，正如邓小平同志论经济时所说，计划经济不等于社会主义，资本主义也有计划；市场经济不等于资本主义，社会主义也有市场，计划和市场都只是手段。同样，作为国家、社会的决策方式，民主与集中也都只是形式。“民主”国家其实也很讲集中，否则，美国前总统特朗普何以能不停将内阁走马换将？而在西方的公司、企业中，很多老板们更是说一不二、独断专行的。

由于对其他文化持包容、借鉴的态度，中华文化不像西方那样具有传教般热情的扩张性、进攻性。面对西方舆论的大肆鼓噪，我们的回应有时显得弱一些。实际上，我们的做法自有深厚历史传承的合理性。“一张蓝图绘到底”“集中力量办大事”这些当代社会主义中国体现的优越性，何尝不是大一统中国的优越性？正如大禹治水、修筑长城……这些既是我国因应地理环境特点、地理环境问题开展地理实践活动的需要；也正是在这些地理实践中，塑造了我国社会“大一统”组织与管理的特点。中国特色社会主义下的“两弹一星”“基建狂魔”“大脱贫”等奇迹与那些历史伟业可谓一脉相承。

“集中”实际是同“民主”合理地、必然地互相依存的。因为在许多时候、许多情况下,真理和正确的意见有可能掌握在少数人手中。再考虑到决策的效率与效力,“集中”不说更重要至少也是与“民主”同样重要的。西方国家到底是因为“民主”而富强,还是因为富强而“民主”,近年来对此有颇多争论。至少,在那些转型为动辄“全民公投”的国家,至今并没有很成功的例子。那样的“民主”其实并没有真正地体现、代表、实现“全民”的利益和诉求。倒是中华人民共和国成立70多年来的发展成就,雄辩地证明我们与时俱进、不断发展的“协商民主”“实质民主”实际上是更优质、更有效的民主。我们完全应该对其充满自信。

在办好自己的事的同时,面对复杂多样的世界及复杂严峻的全球问题,我国倡导建立“共荣共存”的“人类命运共同体”,为此推出“一带一路”倡议。这些实实在在的包容性、建设性举措,相比“某某优先”,以及空洞的“民主”“自由”一类,显然更具有合理性与建设性,是更具现实意义的“普世价值”。

三、以地理教学促进学生国家认同与文化自信

现在有种不是很严谨的说法,认为新中国的成立使我们站起来了,不再挨打;改革开放使我们富起来了,不再挨饿;接下去要实现强起来,不再挨骂。虽然表达不是很严谨,但的确反映出我们在精神文化方面的宣示与在物质文化方面的成就还不是很匹配。明明我们做得很好、做得很对,却被某些舆论骂得很多、骂得很惨,进而产生出“认同”和“自信”问题。

在全球化、信息化、地球村时代,世界正处于全球性的文化整合中。含蓄、内敛的中华文化实在有必要学一点西方文化张扬、进取的长处。既然时间和实践证明了我们文化多方面的先进性与合理性,我们为什么不明白地说,将之说明白呢?这方面我们的确应该采取点斗争精神去争一争、论一论。

“认同”与“自信”常在表现为激烈的政治问题时才为人们所瞩目。但其根源往往就是认识问题,一些歪理谬说也很擅长披着“科学”“文化”的外衣。鉴于此,学科的德育元素的确值得高度重视。由于研究对象横跨自然与人文,区域性突出,又具有很强的综合性,因此,地理学科的德育

价值、德育功能具有无可替代的重要性，特别在国家认同、民族认同及文化自信等方面。为此，地理课堂理应承担起责任，积极有所作为，以促进学生的国家认同和文化自信。

第二节　发掘民族精神教育内涵的途径

上海市教委有关民族精神教育的"指导纲要"指出：民族精神是中华民族在长期的共同生活和共同社会实践中形成和发展起来的，为民族大多数成员所认同和接受的思想品格、价值取向和道德规范，是中华民族的语言习惯、心理特征、文化传统、思想感情等的综合反映。

显然，民族精神与地理课程存在密切而深刻的联系。我们民族共同的生活与实践有其地域空间，即我们特定的地理环境；我们民族的语言习惯、心理特征、文化传统、思想感情也与我们特定的自然、人文环境相互交融在一起。民族精神的形成既与环境因素密不可分，民族精神的培育当然就难以脱离环境因素，民族精神的弘扬也须从大地深处才能汲取到最深厚的力量。

基于这样的认识，再对照"指导纲要"的要求去检索、审视地理课程中民族精神教育的素材，地理世界实际上时时处处都有民族精神的元素在闪耀。

一、自然地物中处处投射有我们民族精神的影像

纯粹的从自然的角度对自然地理事物的研究，我们称之为自然地理学。它构成地理科学的近乎半壁江山。但对于中华民族数千年生生不息的环境中的具体地理事物，我们实际上不能，也很难以单纯的自然眼光去看待——我这样说并不妨碍专业人士的专业研究。但对于非专业的人们，特别是对于中小学生，"单纯自然的眼光"，则完全是不必要，也不应该的。而一旦从主观的、精神的、文化的角度看过去，这些自然地物实际上处处投射有我们民族精神的影像。发现它们、追索它们、激活它们，这既是丰富和活跃地理课堂的关键与途径，也正是我们实施民族精神教育重要而且必需的载体和渠道。

例如泰山，知道它在山东省，知道它是五岳之首，知道它海拔大约1500多米，知道它是一个地垒构造，这就算知道泰山了吗？若仅此而已，泰山就的确与我们的民族精神教育没什么关系了。但在相关的文献中你会查到，首都人民大会堂的台阶是用泰山石做的，人民英雄纪念碑的基石也是用泰山石做的。我们的祖先说“死有轻于鸿毛，有重如泰山”，我们的语言中有“国泰民安”“安如泰山”“责任重于泰山”等成语。古代的帝王常常要去泰山封禅。汉武帝登上泰山之巅，曾赞叹说：“高矣！极矣！大矣！特矣！壮矣！赫矣！惑矣！”《我们是黄河泰山》歌中唱到：“我登上泰山之巅，天风浩荡向我呼唤，中华的风骨像泰山千秋耸立……我们就是黄河！我们就是泰山！”

又如黄河。所有中国人关于黄河的认识实际上绝不会仅限于它的源头、入海口，流经省市，上游、中游、下游一类。她是我们的母亲河，她在我们的心头重千金！在数十年前的那个抗日烽火燃遍的年代里，我们听见“风在吼，马在叫，黄河在咆哮！黄河在咆哮！”。在当代，一则黄河断流的消息又揪住了海内外多少中华儿女的心弦。

在多年地理教育的经验中，我越来越明显、越来越深刻地感悟到，在作为自然之物的黄河、泰山之上，分明还有一个精神的、文化的黄河和泰山。它们交融于一体，宛如我们的肉体和精神一样不可分离。撇开精神的、文化的内涵而单纯地讲黄河、泰山，当然会枯燥乏味，当然会干巴巴、冷冰冰。而一旦从中发现我们自己的、我们民族的影子，地理课堂立刻就有了灵魂，立刻就有了生气，立刻就有了内在的力量。在这样的课堂中，民族精神就不再抽象、空洞，也不再是外在的说教。因为我们以黄河为证、以泰山为证。又岂止是黄河和泰山呢？方志敏烈士说：祖国是无地不美、到处皆景。用心去听、去看、去感悟、去体验，祖国的山河大地无处不氤氲着我们民族的精神。一句话，在中华民族数千年来绵延生息的环境中，早已处处打上了我们民族精神的印记；中华民族的精神也早已熏染浸透了自己的环境的气息。在我们的家园、我们的环境、我们的世界里，天、地、人早已不能分离。

二、地理建设工程中处处闪耀着我们民族精神的光芒

地理科学是研究地理环境及人与地理环境关系的科学。而在我们生息繁衍了千万年的这片土地上，单纯的自然地理环境可以说只有在极其特殊的情况下极其有限地存在。我们现在赖以生存和活动的各种环境，早已是自然环境和社会环境的有机结合。在自然环境的基础上，我们进行了长期、巨大而深刻的地理建设。这些地理建设中处处闪耀着我们民族精神的光芒，特别是那些举世瞩目的伟大工程。

比如长城，这项工程极其艰巨浩大，它的建成体现了我们民族的智慧，体现了我们民族勤劳、勇敢的精神。作为一项防御性的军事工程，它体现出我们民族爱好和平又勇于抵抗外敌入侵的秉性。长城虽然是军事防御性的工程，在和平时期却又是塞内外人民商业贸易和文化交流的通道。农耕文明与草原游牧文明在这里交融，很好地体现了我们民族包容四方、和而不同的精神。长城承载着千年的沧桑，其精神光芒至今丝毫不减，它一直是为世界人民所向往、中国独有的文化遗产，成为吸引八方来客的独特旅游资源。

又比如将水旱灾害频发的成都平原变为天府之国的都江堰，其中蕴含的高超智慧至今仍为水利界赞叹不已；如此巨大的工程量和令人咂舌的工程难度能在 2000 多年前简陋的技术条件下完成，它实在是一个谜一般的奇迹。

而在我们自己所处的当代、在我们自己身边，三峡工程、南水北调工程、浦东开发、上海世界级中心城市建设等，无时无处不闪耀着我们的民族精神，璀璨夺目。从中，我们可以感受到一种自近现代以来我们民族承受种种磨难，但始终坚韧不屈、自强不息、奋斗不止，终于即将巨龙腾空的气象。毫不夸张地说，这些工程正是我们中华民族实现伟大历史复兴的标志性地理建设工程。

当然，非常遗憾的是，在许多的课堂中，这些处处闪耀着我们民族精神光芒的地理建设工程，常常仅仅被描述成一个名称，地图上需要记忆的一个点。如此一来，以上所谓的精神自然是踪影全无，而课堂亦往往索然无味，甚至连起码的知识目标也难以实现，更不用说民族精神教育的情感目标了。

为此，我认为地理教育必须反对简单化、符号化、抽象化的知识灌输，而应花力气体现地理学科综合性的特点，要分析其复杂的环境因素和特殊的背景条件，要将地名地物与地理事件具体化、形象化、实在化，这样才能发现它们的血肉、灵魂与精神。中学地理教学本来就应当如此，要实施民族精神教育就更应如此。而一旦把课堂这样来设计运作，则看似普通的公路铁路、城镇村落，一切的地物中就都能发现精神。

三、各类地理事件及其典型人物表现着我们民族的精神

我们所研究的地理环境是以人为中心的环境；人类生活在环境中，与环境有着密切的关系。环境影响人、人影响环境的各种作用可称之为地理事件，它包括人们对地理环境的感知、考察、研究，对环境资源的开发利用，对环境的保护、治理和改造等。我们的民族精神在这类事件中往往有非常典型的表现，其中杰出的代表性人物往往成为我们民族精神的形象代言。这些事件和人物可以分为两类。

一类是古代的地理事件和人物。如神农氏尝百草、大禹治水以及后来的各种水利治理工程，以及遍游祖国山水、细查华夏风情的徐霞客、顾炎武等。以大禹治水这一事例来说，面对滔滔洪水为患的家园，他继承父亲未竟的事业，这反映了我们的先民敢于挑战自然力量、建设美好家园的精神；他的治水策略由围堵改为疏导，体现了一种科学求实的精神；他治水历时九年，克服重重困难才获得成功，这是一种矢志不渝、百折不挠的精神；他在治水期间三过家门而不入，体现出为公众利益勇于牺牲、乐于奉献的精神。

在世界历史的比较研究中，人们发现，人类的早期历史都曾有洪水记忆。但大禹治水相对于西方流传的诺亚方舟一类故事，其所反映的精神内涵显然要丰富得多、积极得多。

除此之外，我们的古人常说“行万里路，读万卷书”，又说“观山如观画，游山如游史”，典型如“一生爱入名山游”的李白，所有这些都承载着丰富的民族精神内涵。

另一类是我国现代地理科学与地理建设中的著名科学家、探险家，如李四光、竺可桢、任美锷等；更多的时候他们是以英雄群像的形式出现，如

我们远征南极建立科学考察站的英雄，攀登珠峰测量世界第一高度的英雄，漂流长江、考察雅鲁藏布大峡谷的英雄，以杨利伟为代表的幕前幕后众多的航天英雄……这些事件与人物毫无疑问生动地、真切地体现着我们的民族精神。

当然，这类事例虽然经常在课堂中被引用，但往往成为显示不出什么特别效果的课例。究其原因，关键是介绍必须要生动具体，要有实际的第一手资料，而切忌简单化、抽象化、概念化。须知，细节最能表现精神，细节中表现的精神才最有说服力，才最能感染人、影响人。比如杂交水稻专家袁隆平，他是怎么一步一步培育出杂交稻、超级稻的？他为什么能够舍弃舒适安逸的城市生活而数十年深扎在农田里？他对于我国乃至世界的粮食安全有多重要？他是一个怎样的人？只有通过这样细致、真切的介绍，学生才能透过课本插图中那片似乎平淡无奇的稻田、那个典型的中国普通农民式的身影，看见我们伟大民族精神的万丈光芒。

从某种眼光看来，以上三条途径涉及的内容也许不太“地理”，甚至不是“地理”，与“地理”完全无关。但实际上它们应该都是不折不扣的地理，都应该是地理课堂中必需的、必然的有机组成部分。新地理课程标准明确否定了长期影响地理课程建设发展的“学科中心”和“知识本位”倾向。有些做法其实不只是“学科中心”和“知识本位”，有时近乎“画地为牢”。大家常说地理是一门综合性学科，它横跨文理、分支众多、枝繁叶茂，诸如历史地理、文化地理、经济地理、旅游地理……但涉及具体的历史文化内容，当要细说泰山、黄河、长城、三峡、大禹、袁隆平这些具体的人、事、物的时候，许多人却往往止步不前，认为那不是地理，不该由地理说了。

地理应该是一门最具包容性和渗透力的学科。在民族精神教育的大合奏中，地理学科完全可以而且应该大有作为。地理教育应该积极地承担起自己的责任，积极地发挥出自己的独特作用。祖国的山水中有我们民族的精神，人民的地理建设成就中有我们民族的精神，这片天地中的人们生生不息地演绎着我们民族的精神。

上述的三条思路都不妨一试，只要真诚地用心尝试，在实践中教师和学生必会有所感、有所悟——天地间的确有我们民族精神的浩然之气流布其中。

第三节　地理教育中的情感目标

情感是伴随认识过程而产生的人的心理生活的一个重要方面，是人对客观事物与人的需要之间关系的反映。它产生于人们的认识等活动过程中，并影响着人们的认识等活动。对于地理教育中的情感因素，过去的探讨主要集中在两个方面：一是爱国主义等德育情感的培养，二是影响知识、技能目标达成的情感因素。形成的主要看法是地理教育中应该重视情感因素，应该渗透情感教育（如美育、爱国主义教育等）。近年来，随着教育观念的不断更新、教育改革的逐步推进及有关研究的不断深入，人们对教育活动中情感因素的地位、作用有了更加深刻和全面的认识。随之，地理教育中独立的“情感目标”逐渐凸显出来。在三维目标体系中，它与态度、价值观共同构成课程的终极性目标，和知识与技能、过程与方法并列。

地理教育情感目标中的“情感”显然属于社会性情感范畴。它的内涵大体上可以分为地理美感、地理理智感、地理道德感三类。

一、地理美感

地理美感是学生在地理课堂中对地理事物的美的体验。由于地理学科的综合性，作为审美对象的自然美、艺术美、社会美，地理教育可谓是三者并具，美育资源得天独厚。如雄奇的泰山、妩媚的西湖；如宁静的乡村、繁华的都市；如长城蜿蜒、高峡平湖等。但地理课堂“美”得如何呢？就笔者见识所及，似乎与我们应该达到的境界尚有相当的距离。许许多多美的地理事物在编到地理课本、进入地理课堂时往往与“美”几乎没有了关系。我们的教材和课堂中多的是抽象、单薄、枯燥的名词堆砌和现象罗列，如“西湖位于浙江杭州；泰山为五岳之首，在山东省”一类。这是非常令人遗憾而痛惜的。这里主要的原因还是受“学科中心”“知识本位”的影响和束缚。在传统的地理课堂中，知识传授居于绝对的主体地位，情感不过是某种附属的可有可无的东西。

美感的产生主要依赖于直觉性和具体的审美形象。因此，课堂中地理美感的实现可从以下几个方面下功夫：(1)用生动形象的语言作具体描绘。譬如讲到西湖，最起码要有类似于导游手册上的景点介绍的文字。(2)借助于现代信息技术，进行图像展示。这已是现在的课堂教学中经常采用的方法。但值得注意的是，美感发生的源泉并不只限于地理事物的外部特点，起决定作用的还是事物的内容，即表象背后的美的本质性的内容。(3)多引用亲身经历的材料，包括游记诗文、专题新闻报道、科普文章等。以西湖为例，培养对她的地理美感当然最好是身临其境，但对课堂教学而言这是不可能做到的。退而求其次，我们可以用语言作介绍，用图像作展示。

但这里有个问题，即以上的办法总难以让人产生那种令人无限向往的、身临其境的、丰富的、"立体"的美感。而在阅读那些优秀的游记诗文时，我们却能体验到一种非凡的，令人回味无穷、无限向往的美感。这种美感有时甚于身临其境。这实际上并不奇怪，因为美需要发现、需要鉴赏；审美是需要学识，需要修养的。青年学生的地理美感更是需要培养和引导的。实际的旅行、观赏当然是地理审美的根本，但同样存在的现象是，在许多时候，纸上所得的也许更美、更深刻、更有价值。因为这样的美感还融合了许多自然的客体之外的因素。对此，地理课可以作侧重于地理学科的解读，但完全没有必要排斥其包含的其他要素。新闻材料中的地理美感往往具有动态发展性和时事轰动性，对人有强烈的吸引力，如西湖景区扩建的新闻、某种奇观出现的新闻。科普文章的知识性、科学性很强，但写法多生动活泼，特别是出自大家手笔的小品文，往往具有极强的感染力。所有这些，我们都不妨将之酝酿成美的甘醇奉献于课堂。反之，偏执于狭隘的"地理"，作茧自缚，则难免令地理课堂自绝于美。

二、地理理智感

地理理智感是学生在学习地理知识、认识地理世界、分析解决地理问题的智力活动过程中产生的情感体验，表现为对地理学科的好奇心、求知欲，学习兴趣、学习热情、学习动机，获得知识的乐趣，凡事努力求真、求实的科学态度等。这种对科学知识爱好、追求的热烈情感是激发人的智力活动的重要心理条件，它具有非常巨大的鼓舞力量。"日心说"的创立者哥白尼曾说过，他对于天体运行规律的深思源于“不可思议的情感的高涨和鼓舞”。因此，地理理智感是地理教育中极其重要且无法忽视的目标要素，缺少了它，地理课堂教学就不可能成功。

要实现地理理智感目标，需要注意以下两点。

（一）永远对学生抱期望的态度，多用表扬与鼓励

这主要是就知识与技能目标的达成而言的。不可否认，学生的学习水平、个性人格、兴趣、基础等总有差异。如果总认为只有极少数的优秀学生才适合学习，这实际上是否定了我们自己的教学。而对学生来说，只有教师的爱与鼓励才能使他们产生积极的情感体验，并激发他们潜藏的学习兴趣与力量，使他们在学习中越来越聪明，越来越活跃，越来越喜欢学习，也越来越适合学习。

（二）切实转变教学观念，高度重视学生的学习过程体验

过去，教育的注意力太集中在知识的掌握上；现在，则应更多关注作为教学主体的学生学习的需要和动机——抓住了它们，课堂才会由“要我学”变为“我要学”，学生才会有积极的学习体验；此外，还应关注知识获得的途径，它或源于观察、探测、实验，或源于分析、归纳、推理……为此，教学应该多采用研究性学习的方法，应该努力创设贴近学生生活实际、感受实际、认识实际的地理课堂。如在讲地球公转的地理意义时，可先让学生谈谈对本地夏日的印象、对四季的印象。在他们兴致勃勃地谈论那些生动丰富的印象的时候，一个又一个的“为什么”就提出来了，学生们也由此活跃起来。他们会带着强烈的好奇心、浓厚的兴趣，愉快地与教师一起深入探究下去。在这样的过程中，学生当然会发现并获得知识，由此获得的积极的地理理智感体验则同样是宝贵的甚至更加宝贵。

三、地理道德感

地理道德感是人们在有关地理问题的思想、意图、行动是否符合或满足相关道德行为准则的判断中产生的体验。地理道德感是地理学科中与德育（狭义）要求关系最为密切的。因其体现为对人的实际社会行动的规范和约束，因而也是特别重要而直接的德育目标，人们对它的期望也特

别迫切。同时,因社会自身的复杂性,地理道德教育也特别容易发生问题。在进行地理道德教育时,总是调子拔得很高地讲些空泛的大道理其实是不会有什么实际作用的。在提出行为方面的要求时,要特别注意不能急,不要把太多的责任硬性地加在学生个体身上。否则,效果往往适得其反。因为近乎硬塞强加的道德感是难以成功内化的。我们应该采取现实主义的态度,即根据社会实际实事求是地讲道理、提要求。教育的立意当然应该高,但我们主要应该用科学的知识去说服人,用自然的情感去感染人,用模范的行为去引导人。

地理道德感大致有以下几方面的内容。

(一）热爱祖国、热爱家乡的情感

这种情感的产生首先来自人们对于所生活的环境的亲近感、依赖感、熟悉感。所谓生于斯、长于斯,岂能无挚爱之情？其次,爱国主义情感部分是源于地理美感,是在地理美感的基础上产生的。许多爱国主义的艺术作品中不乏地理美感的描写,这种描写往往最能引起共鸣。如方志敏烈士在《可爱的中国》中谓中国是无处不美,到处皆景;如许多文艺作品中对长江、黄河的赞美等。最后,地理科学教育还赋予学生对祖国全面、深入的理性认识,学生不仅会对祖国产生深沉的热爱之情,而且会产生与之相应的对祖国的自豪感、尊严感、责任感、忧虑感——这些实际是一种更深厚的爱国主义情感。

(二）科学健康的人口观、资源观、环境观和发展观,以及与之相联系的责任意识、保护意识、法制意识

这类道德感是在对有关重大的地理问题的科学认知基础上产生的,是一种比较概括而深刻的,持久且对行为具有指导作用的情感。它的培养首先需要师生一起把道理探明说透,把严峻的形势看清;然后自然地引向个人力所能及、义不容辞的责任。当然,在此时还需要非常注意道德情感的感染,从而使道德观念与情感体验紧密地联系起来。

(三）对地球家园的情感

这种情感类似于对祖国、家乡的情感,是人们对家园概念的合乎情理的放大扩展。当今世界,地球在变“小”,全球化的潮流滚滚而来,趋势不

可阻挡。“全球意识”“国际合作意识”及地球家园情感理所当然应有广泛的认同，应该为地球公民所普遍具备。

在地理教育中确立情感目标独立的、与知识等其他目标并列的地位，这是非常重要的。因为中学地理教育并非专门的地理科学教育，而是国民素质教育的重要组成部分。认识到这一点，老师们在地理课堂就可以根据社会的、学生的实际情况和需要按需设计，而不用煞费苦心地设计在什么地方“渗透”德育，又在什么地方融入“情感”。这样一来，地理教育的内涵就可以大大丰富起来，地理教育的功能作用就可以得到极大的扩展，地理教育的意义就更显得重要而突出。

地理情感教育的实施关键是要在晓之以理的基础上动之以情。这也就大大提高了对地理教师的要求：地理教师必须具有渊博的知识、崇高的修养、丰富的情感、生动的语言……这就要求我们必须完成从教书匠到教育者的嬗变。我们必须综合运用各种手段，努力追求那种春风化雨、润物无声、水到渠成、瓜熟蒂落的情感教育境界。也只有这样的教育，才会成为学生心中永远的明灯。

第四节　地理教学与爱国主义教育

一般认为，爱国主义是个人或集体对自身所属国家的一种认同、积极、支持的态度和行为；而所谓爱国主义教育，就是要引导学生对自己的国家产生相应的态度和行为。在这方面，地理学科因其内容涉及大量对国家的基本认识而在爱国主义教育中具有重要而不可替代的作用，它也因此被视为学校爱国主义教育的显性学科；特别是在中国地理的教学中，爱国主义更被认为“应该作为一种主题基调贯穿在教学的方方面面”。

在我国现行的课程体系中，初中有一学年的中国区域地理知识学习。高中地理虽然以部门地理知识为主，但其中牵涉的中国地理知识很多——许多章节编写的着眼点、落脚点主要还是中国地理。同时，在高考考试内容中，中国地理则占到相当大的比重。所有这些都使得高中地理理所应当地是爱国主义教育的重要阵地。

但在中国地理知识教学与爱国主义教育关系的把握上，不论自觉与否，多数人都存在诸多困惑。这些困惑既关系着爱国主义教育开展的力度、深度和可信度，也在比较深远的层面上影响着爱国主义教育的实际效果。以下就以高中地理教学为例，对相关困惑做一些尝试性的分析和破解。

一、“中国地理”教学与爱国主义教育

（一）中国地理知识的学习是否天然地就具有爱国主义教育的效用

在高中地理教学设计中，只要有涉及中国地理知识的内容，我们就习惯性地在“情感、态度、价值观”这个目标项中写上“爱国主义教育”，似乎中国地理知识天然地就具备爱国主义教育的效用。

对此，可以这样简单地反驳：(1)当我们的地理课讲到美国地理、日本地理时，是否就必然地产生“爱美国主义”“爱日本国主义”呢？(2)当美国的孩子、日本的孩子学习中国地理知识的时候，他们是否也能产生如我们一样的“爱(中)国主义”呢？对此，我想绝大多数人都会觉得答案显然应该是否定的。由此可见，中国地理知识的教学与我们的爱国主义教育其实并不是必然地、天然地联系在一起的。

当然，在许多中国人的印象中，中国地理知识的教学就是与爱国主义教育天然地、必然地联系在一起的。对此，必须明确，这样的联系仅仅是对我们中国人自己而言的。也就是说，这里的关键在于，作为中国人的我们首先已经具有一种对国家天然的、基本的认同。不论老师还是学生，我们首先必须认识到中国是我们自己的祖国。不论我们的生命、财产、家园还是父母、祖先、精神、文化，我们的一切都属于这个国家的一部分；因此，只要提到“中国”，我们自然地就会对她产生一种独特的关切与深情的感应。

由这种基本的、天然的认同产生的独特关切与深情是爱国主义教育的真正基石。立足在这样的基石上，则一切对爱国主义的诋毁其实都是虚妄的。爱国家就是爱我们自己呀！认识到这一点、理解了这一点，那么爱国主义在全世界其实都是相通的。美国人自然爱他们的美国，中国人

当然应该无限地热爱自己的中国。费孝通先生所谓"各美其美,美人之美,美美与共,天下大同",大概就是这样的意思吧。

由上可见,如果是"惟知识论"的中国地理教学,那其实是不具有爱国主义教育的效用的——即使有也非常有限。而我们天然地觉得"有",那是因为我们的内心原初地就具有对国家的认同,从而自然地就会在相关内容的教学中投注我们的"关切与深情"。

在中国地理的教学中,只要教师将相应的"关切与深情"自然地、不着痕迹地传递给学生,则爱国主义的情怀也就自然地在学生的心中生发出来——这正是现实中绝大多数时候的常态情形。反之,只有在相应的认同遭遇障碍、发生困难而导致认同混乱时,爱国主义教育的困扰才会出现。从这个意义上说,中国地理知识的学习天然地就具有爱国主义教育的效用——这的确又可说是正确的、客观的。

(二) 中国地理中的所有元素是否都能引申到爱国主义教育

一说到在中国地理教学中进行爱国主义教育,我们就会联想到中国拥有壮丽的河山、富饶的物产、优越的自然地理条件……在这些时候,让学生感受到中国之可爱,感受到身为中国人的自豪、尊荣是自然的、不成问题的。但另一方面,我们也清楚地知道:中国地理在具备众多正面因素的同时也是具有很多负面因素的,许多时候两类因素还不可分割地交织在一起,有时它们还是相互转化的。那么,在面对中国地理中的负面因素时,我们的爱国主义教育又怎么办呢?

为了爱国主义教育的需要,许多时候我们天然地倾向于这样的处理:多讲中国的优点,少讲甚至不讲缺点,不能不讲的缺点也尽量地对其进行弱化或者美化。但这显然不是正确的、科学的态度和做法。这种危及知识科学性与客观性的做法,一般地说效果不佳甚至没有效果,更糟糕的是还可能导致适得其反的结果。

我印象最深刻的事例是:我们曾经满含深情地讲了若干年"伟大祖国地大物博,人口众多";但突然间,社会上又饱含忧愤地流传说"我国是地大物不博,人口太多,人均资源太少"。从地理知识的角度看,这两种表述也许都不能说是错误的。但显然地，前者给人感觉可以让学生自然地产生爱国主义的情感。那么，后者那样的表述是否就一定不能产生爱国主义的情感呢？后者那样的表述是否真的如许多人担忧的那样将诱导出“弃国主义”“怨国主义”，甚至“恨国主义”呢？后者那样的表述真的是虽然具有客观性、合理性，但却是不当的、应该回避的吗？

显然，以上的说法本身已经自相矛盾了。我感觉，这个问题的关键其实在于：建立在对自己祖国认同的基础上，我们还应该向学生传递一种对祖国的积极态度。

放眼世界来看，我们的人均资源不比日本、新加坡少，他们能在那样的条件下发展成为现代化的国家，我们有什么理由抱怨自己的祖国呢？我们的国家还没有别人那样富裕、发达，我们就应该更加努力地呵护自己的国家、建设自己的国家。

又比如说，我国气候具有“季风性突出”的特点，为了爱国主义教育的需要，我们倾向于大讲特讲季风气候“夏季高温多雨、雨热同期，有利于农作物生长”。其实，季风气候“降水集中，经常造成严重的旱涝灾害”同样可以成为爱国主义教育的素材。不是说“多难兴邦”吗？我们的民族精神部分地不正是来源于同“旱涝灾害”的抗争吗？都江堰、三峡这些著称于世的伟大工程不也正是部分地拜季风气候所赐吗？展望未来，我们会做得更好，绝不会屈服在季风带给我们的“多旱涝灾害”之下。

由此可见，虽然中国地理的环境评价、资源评价甚至人文评价都可以客观地有利弊优劣之分，但只要我们教育下的国民把自己视为国家的主人，只要我们教育下的国民具备了积极的态度与进取的精神，中国地理教学中的所有元素都能够而且也应该引申到爱国主义的方向。更重要的是，这种在对国情客观、科学认识基础上产生的清醒的、冷峻的、积极的爱国主义才是真正的爱国主义，才是能够经得起风雨而永远屹立不倒的爱国主义。

（三）在全球化视野下，爱国主义教育是否必然遭遇困境，因而不必刻意去涉及

在情感与态度基础上，爱国主义教育的最终目的还需要落实在行为上，即国民要有对国家实际的支持行为——有时甚至需要竭尽所能的支

持。此时，爱国主义就上升为一种价值观的要求，即要“以热爱祖国为荣，以危害祖国为耻”。但在当今全球化的背景下，这种价值观在一些“聪明人”看来似乎已经没有必要，已经不合时宜，甚至已经准备好随时改弦易辙。

自从地理大发现以来，整体性地看，人类社会发展的全球化特点日益突出并且不断深入；同时，数十年来，随着我国改革开放事业的不断推进，我国自身也已经深深地融入全球化体系之中。不论是世界性的生产分工、文化交流还是许多国民的个体活动，全球化都深深地影响着我们。这使得人们对祖国、对他国、对世界的认识不可避免地都具有了全球化的视野和背景。

在全球化的视野下，一方面，爱国主义教育屡屡遭到一些似是而非的质疑；另一方面，它也确实常常面临某些困境。但所有这些其实并不意味着爱国主义教育可以弱化甚至放弃；相反，这样的情况更要求我们的爱国主义教育必须具有新的内涵，必须发展到新的境界、新的层次。

首先，在全球化背景下，国家之间，不同经济体、政治体、军事体之间还远远不是大同世界的关系。它们彼此之间的矛盾冲突可能更为复杂纠缠，但绝不可能是单向地趋于缓和甚至同一。作为发展快速而日益崛起的最大的发展中国家，我国实际上越来越经常性地处在诸多国际矛盾的风口浪尖，当此之际，爱国主义教育其实是十分必要和重要的，而且，它还必须具有一种契合当今时代的新的担当。

其次，在全球化视野下，国家的缺点与短板都更容易被发现、被提及、被放大。如一度被议论的：与西方发达国家相比，我们国民的劳动报酬和福利待遇要低许多；我们的环境质量与环境保护工作还存在一些问题……这些议论——包括态度消极、立场错误的议论，虽然的确会给爱国主义教育造成某些困扰，但实际上也不完全是坏事。如前所述，如果对祖国有着高度的认同与积极的态度，则国家的缺点、短板正可以成为激发我们的爱国主义精神，并促使我们昂扬向上地热爱国家的力量源泉。实际上，积极的爱国主义不是凭空产生的，它恰恰是在与错误立场和消极态度的对立中被激发出来、生长起来并显示出力量与光芒的。

再次，在全球化的环境中，不论是个体的实际利益还是主观认识确实都存在一个多元化的问题。如有的国民在职业上就是为外资甚至外国服务的，有的国民具有密切的海外关系，有的国民对他国的某些因素具有特别的亲近感，有的同胞积极地准备要移民国外……但所有这些实际上都不会构成我们爱国主义教育的障碍。我们应该对数千年来一脉相传的中华文明的独特性、包容性、合理性具有充分的信心。移民没有关系，海外华人对故国的眷恋之情、维护之诚曾多少次令世界为之动容。而站在他们的角度来看，故国的繁荣富强也能够使他们感觉脸上有光，故国的繁荣富强也能提高他们的地位，增强他们的力量。

总之，在全球化视野下，虽然爱国主义教育的背景、内涵与要求的确会有所不同，但是其可能性、必要性和重要性其实还是一以贯之的。在这样的情况下，如果能够通过我们的基础教育使中华儿女同心协力地支持祖国的发展，则不论对我国自身还是对整个人类的共同发展都具有积极而重要的意义。中国是属于世界的中国，世界也是包含着中国的世界，爱自己的祖国与爱世界、爱地球家园实际上是相通的。从这样的角度看，爱国主义其实也是一种具有终极意义的价值观。

爱国主义当然可能存在种种误区，也可能被利用、被扭曲，但这些已经是另一类性质的问题了。真正的爱国主义不会是狭隘的民族主义，不会是目光短浅的权宜之计；它与庸俗的功利主义也不可能有真正的共同语言。说到底，爱国主义其实就是人们对祖国的一种最朴素、最自然、最深厚的情感。清楚这一点、坚信这一点，则在我们的中国地理教学中，爱国主义教育实在是应该理直气壮、自然而然、有声有色地开展的。

二、“世界地理”教学在爱国主义教育中的作用

爱国主义教育是中学德育教育的中心内容，是贯穿全部德育教育的红线。但在许多人的感觉中，“世界地理”的内容似乎跟爱国主义教育关系不大，不是那么易于开展。其实，按照《爱国主义教育实施纲要》的规定，爱国主义教育必须坚持对外开放原则，爱国主义绝不是狭隘的民族主义。我们既要继承和发扬中华民族的优秀成果，也要学习和吸收世界各国包括发达国家所创造的先进文明成果。在讲到国情教育时，纲要中又

说,国情教育要放在整个世界环境的大背景下进行,要帮助人们系统地了解我国经济、政治、军事、外交以及社会、文化、人口资源等方面的历史与现状,了解我国现代化建设的目标、步骤和前景,并从中国和世界其他不同类型国家的对比中看到我国的优势和差距,有利条件和不利因素,增强使命感和社会责任感,更好地发扬艰苦奋斗、勤俭建国的精神。由此可见,爱国主义教育其实可以广泛地体现在“世界地理”教学之中,“世界地理”教学对于爱国主义教育其实有着独特而难以替代的作用。

(一)只有充分认识世界,才能真正地认识中国,从而为爱国主义教育奠定坚实的认知基础

即使一些对中国的简单描述,如果没有世界地理知识,也只能是一些抽象而模糊的概念。比如,我们介绍中国时说,“她位于世界的东方,在东半球”。如果不知道地球的形状,不知道东、西半球的划分,不知道时区和日界线的概念,就不可能理解“世界东方”的含义。又如,从气候上说,我国主要位于北温带,东面濒临世界最大的大洋太平洋,位于世界最大的大陆的东部,因此气候类型复杂多样、季风气候显著。那么,什么叫北温带,它有什么特点?太平洋是怎样一个洋?亚欧大陆是怎样一个大陆?季风气候有什么特点?这种气候对人们的生产生活的影响与其他气候类型相比有什么显著不同?以上这些问题的回答都无法脱离世界地理知识的背景而孤立地说明。反之,在进行“世界地理”教学中,教师如果善于联系、巧妙渗透,有意识地为爱国主义教育服务,则不但能圆满地完成“世界地理”的教学任务,也能收到非常理想的爱国主义教育成效。因为,中国本身是世界的一部分,而部分只有在整体中才能被科学、全面、正确地认识。这种科学、全面、正确的认识对于爱国主义情感的培养是非常必要和重要的。

(二)只有在同世界各国的对比中,才能全面而科学地认知中国国情

我国国情的最大特点是人口众多,人均耕地很少。于是,在讲“美国地理”时,我们可以将这个工农业都很发达的国家与我国适当作一些比较。美国国土总面积比我国略小,但其国土的1/5为耕地,是世界上耕地

面积最大的国家。而我国的耕地面积只有国土的 1/10 多一点。尽管这样,我国的粮食、棉花等主要农产品产量仍占世界第一,基本解决了温饱问题。美国之所以成为世界上最大农产品出口国,是因为它不但发展农业的条件非常优越,更重要的是其人口数量远少于我国。假设美国的人口与我国接近,则其不但没有粮食可供出口,其自身甚至还要发生温饱问题。

又如,新中国成立以来特别是改革开放以来,我国经济建设取得了很大成就,但同发达国家相比,我们仍有相当大的差距,我国的人均国民生产总值还比较低。如何看待这种落后?从基础方面说,同西方发达国家比,我国人口多、底子薄,缺少资本的原始积累,又长期遭受帝国主义的侵略、掠夺和封锁;从发展方面说,我国经济发展的速度其实是世界上最快的国家之一,与情况类似的印度等国相比明显走在了前面。

如上这样一比,就雄辩地证明社会主义制度的优越性,证明党的领导的英明正确,证明祖国的发展前途无比光明,从而激励学生坚定信心、奋发努力,从小立志把伟大的祖国建设得更好。

(三) 广泛借鉴发展经验、积极汲取文明营养为我所用

放眼世界,发达国家经历数百年发展起来的现代科学文化及经济社会管理体制,可以说是当代人类的重要发展成果。学习、借鉴、引进它们,正是我国改革开放的重要内容和目标。在我国的“百年”奋斗目标中,经济建设的规模可谓空前巨大,这必然使我国的自然环境、经济结构、社会生活等发生一系列显著而深刻的改变。面对这些变化,西方国家的许多具体经验对我们很有借鉴意义。比如,德国鲁尔区面对资源枯竭转型发展的经验,美国田纳西河流域的综合治理与开发经验,人多地少的日本注重水利建设和生物技术,精耕细作发展高产农业的经验与技术等。同时,发达国家经济发展中所走过的一些弯路也值得我们思考,比如,经济发展带来的环境、资源和生态破坏问题,产业发展的脱实向虚问题、贫富悬殊问题等。通过对种种典型事例的综合分析,我们可以尽可能地避免经济发展中的盲目性,努力实现兼顾环境效益、经济效益和社会效益的可持续发展战略。

另外，世界上一些新兴经济体，如韩国、新加坡等在经济腾飞和现代化发展中，都比较注意对本国传统文化的继承和发扬，做到“以土为本，根深叶茂”。这方面，包括日本在内，都有许多值得我们学习借鉴的地方。当然，检讨它们走过的弯路、出现的问题、存在的缺陷，对于我们同样意义深远。所有这些，对于我们在学习、引进外国先进文化的同时，反对历史虚无主义、民族虚无主义，反对形形色色的错误主张都意义重大。

（四）在丰富的多样性和巨大的互补性中，我国与世界各国的交往和联系日益密切

随着“一带一路”倡议获得日益广泛的响应和众多项目的不断推进，我国越来越走向世界舞台的中心。为此，在“世界地理”教学中，我们要注意结合国家发展情况，着力培养学生的全球意识、世界意识。我国人口众多、劳动力资源突出、基础设施完善、产业配套能力强，是世界最大的制造业市场、工业品出口市场，为世界提供了物美价廉的丰富产品。同时，我国也是世界巨大的进口市场、消费市场。多年来，我国是引进外资最多的发展中国家，同时也积极参与对外资金和技术输出，参与国际经济大循环。为发展经济，我国除了开发利用本国资源，也必然要积极参与国际协作，利用全球性的资源市场和一切可资利用的资源条件。而在经济发展过程中出现的诸如气候变暖等全球性环境问题，也必须要大力进行国际协作才能有效解决。

中国当然是独立自主的伟大国家，拥有悠久的历史、灿烂的文化，在当今的经济社会发展中格外引人瞩目。但中国也是世界的中国，是与世界其他部分广泛交往、密切联系，并在其中发挥重大作用的中国。坚持对外开放的原则进行爱国主义教育，使全体国民既充满自信又善于学习吸收别人的经验长处，既胸怀祖国又放眼世界，既头脑冷静地看待差距立足艰苦奋斗又能意气风发地在风云变幻的世界舞台上弄潮。所有这些，很大程度上都有赖于我们在“世界地理”教学中爱国主义教育的贯彻和实施，有赖于我们在爱国主义教育中坚持对外开放的原则。

第五节　着眼“全面育人”的一次课堂尝试

长期以来，课堂教学的功能与任务主要被理解为传授知识；如今，大家意识到，在传授知识的同时，“立德树人”其实是课堂教学中一项更为根本性的任务。作为一名地理教师，笔者对此很有感触。地理学科具有很强的综合性，涉及人类社会及人类生存环境方方面面的常识性内容。这便使得地理课堂在“立德树人”方面具有巨大的发挥空间。

地理学科有时被认为是显性的德育学科，但就许多具体内容来说，其德育效应有时又比较隐性；但正是这样的特点使得其育人的效能别具一格——一旦发挥出来就具有一种无法替代的说服力、吸引力和感染力。

例如，高中地理的开篇内容讲“天体系统”“恒星”，知识本身比较单纯，也比较简单。但课堂中只要略作引申，就可提炼出一个意义重大、影响深刻并具有很强针对性的主题：提倡科学、反对迷信。以下是笔者的授课实录，其中正文为讲授内容，括号内为简要说明。

（一）“恒星”课堂授课实录

晴朗的夜晚，我们可以看见闪烁的恒星。大家观察过星空吗？你看到的星光是闪烁的吗？（强调观察，勾起学生的回忆，亦可引起学生观察的兴趣）闪烁是因为大气分子对光线的散射作用，在没有大气的月球上看星星，星光就不会有闪烁的现象。（略作解释，有学生提问则简单解释一下散射原理）

夜空中的点点繁星差不多都是恒星，“差不多”到底差多少呢？告诉大家，主要就是把金、木、水、火、土这五大行星除外。据统计，夜空中肉眼可见的星星大概有6000多颗。所以说，夜空中的点点繁星差不多都是恒星。（这几句说明是必要的。曾有学生做选择题：夜空中的点点繁星差不多都是？该学生选行星，问其为什么，答：恒星就太阳这一个，而行星有八颗）

而它们之所以叫恒星，是因为从地球上看起来，恒星之间的相对位置似乎是固定不变的。大家知道吗？组成星座的星星就全部是恒星。现在

请大家在“黄道附近的星座图”上找一找自己所属的星座。（引入星座，引起学生对恒星更进一步的兴趣，并引起观察星座图的兴趣）

再请大家确定一下，这段时间过生日的同学应该属于什么星座？对，应该属于室女座。（将观察、思考、研究的对象从星座集中到室女座）请注意，组成这个星座的就是那么几颗固定的恒星，它们都有相应的名字或编号；而且，它们的相对位置也是固定不变的。在黄道附近与室女座相邻的分别是狮子座和天秤座，这也是固定的。推而广之，星空中所有恒星的位置都是这样固定的，这就是恒星之“恒”的含义。（恒星之“恒”）

当然，我们有时会看到室女座出现在东面的天空，有时又会看到它出现在西面的天空，但它自身的形状以及和左邻右舍的相对位置关系却总是固定的，这是什么原因呢？请大家自己思考。（问题引申，略留余味。如有学生追问，则提醒他，太阳是不是有时在东，有时又在西？什么时候在东？早晨在东，黄昏就在西边了。哦！这是因为地球的自转）

而行星则不同，比如金星，它有时会出现在室女座，有时会出现在狮子座，有时又出现在巨蟹座，等等。这就是行星之“行”的含义。（以上几段属于传统天文学中常识性内容，人们经常谈到相关概念，但真正能够理解的人其实不多。很有必要把这个内容向学生讲讲透彻）

顺便说一说，许多人很起劲儿地用星座算命——算命当然都是迷信，星座算命其实是不靠谱的。（口称顺便，其实是刻意为之。星座文化其实是西方文化中的迷信内容，却成了时尚元素，特别是对青少年影响很大。此处称其“不靠谱”，有当头棒喝的效果。但为什么说它不靠谱呢？且看下文解说）

大家想一想，组成你的星座的恒星与你相距数十、数百甚至数千数万光年，你现在看到的这些恒星的光也是它们在数十、数百甚至数千数万年前发出的，那时你根本就没出生，它们跟你和你的命运会有什么关系呢？而且组成星座的这些恒星之间也相距遥远，它们彼此之间多数也几乎毫无关系，又怎么可能决定你的命运呢？（在各种反对迷信和伪科学的宣传与演讲中，如此反“星座算命”，笔者自感实在别致而且有力，而且这样的引申还非常自然合理，授课到此处时反一反“星座算命”，真的应该是高中地理课义不容辞的责任）

现代天文学的研究发现:恒星是由炽热气体组成的、能自己发光的球状天体,其主要的组成物质是氢和氦。(转回课本内容,强调现代天文学、天体物理学的成果)太阳就是一颗普通的恒星。恒星之所以持续地发光发热,是因为它们的内部在持续地发生热核聚变反应,即所谓的氢弹爆炸反应:4 个氢原子在高温高压下聚变成 1 个氦原子。(略作补充)

恒星其实也是运动的,现代天文观测已经能够测算出恒星的运动速度与方向。如太阳绕银河系中心运动的速度达到每秒 250 千米,相当于一秒多时间就能从上海到达南京。(如此高速,具有骇人效果,信手拈来的实例及与生活经验的比较,大大增加授课的吸引力并揭示出宇宙中运动的绝对性)我们之所以看到恒星的位置总是固定的,完全是因为它们与我们的距离十分遥远。它们在很快地运动,但我们却感觉它们是“恒”的。(恒星之“恒”)

大家都看到过飞机在高空中飞行,我们都知道飞机飞行的速度是很快的,但在地面上看上去似乎很慢;而一只从我们眼前飞过的麻雀似乎比飞机的速度要快得多——这都是距离造成的视觉假象。

恒星之“恒”也正是这个道理。虽然如此,如果观测的时间足够长,恒星的位置变动还是会表现出来,似乎是固定不变的星座形状甚至会变得面目全非,如课本上的图片:北斗七星在 10 万年前的形状、今天的形状与 10 万年后的形状都显著不同。(解说恒星不“恒”,还可追问学生:课本上的图片怎么能画出北斗七星在 10 万年前与 10 万年后的形状呢?难道有谁看到过这些形状吗?)

回到我刚才说的“星座算命不靠谱”。试想,如果你的星座是白羊座,按照某种说法,你的性格当然就应该类似温顺的白羊。但若干年后,白羊座的形状是要改变的,要是它变成了狮子的形状或者鳄鱼的形状或者别的什么形状呢?难道你的性格也要跟着改变?温顺如白羊的你会变得凶恶如鳄鱼?(学生们哄堂大笑!前面已对“星座算命”釜底抽薪,而此处的玩笑足可令学生们心领神会。)

(二)课后反思

首先,在讲授学科知识的同时,本段授课的内涵实际侧重于对学生开展思想教育,即倡导科学、反对迷信。思想教育的内容既是显性的,却又貌似是隐性的,它天然地寄寓在学科内容之中。相关的德育内容的表达并不回避有痕,但因为是属于学科知识的自然延伸,所以实际的效果就是既旗帜鲜明又育人于无形。

其次,本节授课具有很强的针对性。当今社会有关星座命理的信息举目皆是,高中学生中热衷于此的也不在少数,甚至部分青年教师都是如此。那么,星座到底是怎么回事呢?恒星、行星又是怎么一回事呢?只有当科学的、实事求是的理念、观点被学生信服地领会和接受,那些似是而非的说法,那些迷信的、伪科学的东西才会被他们自觉地、决绝地抛弃。在这一课的教学中,笔者感到基本实现了自己所理解的真正的具有育人意义的地理教育,学生也由此获得了真正具有现实人生意义的、体现着力量的知识。如此,“立德树人”——课堂教学中的根本任务似乎的确得到了体现。

最后,课本的内容就在那里,生活中的问题也在那里。但多年以来,笔者怎么现在才想到做这样的教学设计呢?笔者其他的教学是否也联系实际,发掘了学科“立德树人”的意义,在其他的课堂中是否也狠下功夫真正地追求了“立德树人”的目标?在教学理念上是否真正地着眼在全面的学科育人价值了?所有这些,笔者感觉既是作为教师的责任心问题,也是作为教师的素质问题。

噫!往者不可谏,来者犹可追!

第二章　地理教学中核心素养的落实

2017 年版《普通高中地理课程标准》的颁布使中学地理教育翻开了崭新一页，意义重大。它立足培养学生必备的地理学科核心素养，构建以地理学科核心素养为主导的课程体系，要求在教学中创新学习方式，并建立起相应的学习评价体系。对于上海，尽管基于新版课标的地理新教材要到 2021 学年才全面启用，但自其颁布之日起，学习新课标、研究新课标、实践新课标，积极投入学科教学转型发展的洪流，早已成为许多教师的职业自觉。

相关地理核心素养及其落实的研究与论著已经很多，但作为尚使用着老教材教学的一线教师，撰写本章具有较独特的基点和视角，许多讨论比较契合教学转型发展的实际问题与困惑，诸如核心素养在具体教学内容中的存在与表现，核心素养与教学内容的具体关系，基于具体知识内容的地理核心素养评价，课堂中“情境与问题”如何创设等。

第一节　在“大概念”统驭下落实核心素养

新的高中地理课程标准基于地理学科的本质，凝练了人地协调观、综合思维、区域认知和地理实践力等四大核心素养，明确它们是学生学习高中地理后应该形成的正确价值观念、必备品格和关键能力。面对这样的课程要求，对于习惯了主要以知识内容为本进行教学的广大教师而言，如何切实而有效地转变观念，实施落实核心素养的学科教学呢？

试以“内容要求 1.7”为例，课标原文为：运用示意图，说明水循环的过程及其地理意义。[①] 面对这么简简单单的二十来个字，核心素养体现在哪儿，怎么体现呢？一个最现实、最直接的问题：教学到底该怎么设计，教案到底应怎样撰写？

对照以上“内容要求”，结合以往的教学经历，并查阅各种讨论性、研究性文章，笔者认为，在那二十来个字的内容要求中，四大核心素养的确都是有的，都是内涵于其中的。但要将之落实在教学设计和教案中，似乎又不怎么好操作。如果要硬性地将四大核心素养在教案文本中并列展示出来——这样的范例是有的，但并不很恰当；一些个性化的教学设计非常优秀，五彩缤纷、精妙绝伦，但不太具有普遍的参考意义。退一步讲，即便教学设计中具体地列入了四大核心素养，课堂中也努力地实施了，但真的能在几十分钟的一两个课时中将四大核心素养毕其功于一课吗？真能如此的话，它们大概也就不足以被列为核心的素养了。

在对课标的反复学习及对众多讨论文章的研读中，笔者注意到了课标所用的“凝练”这个词，核心素养是基于学科本质内容、整体内容凝练出来的。有“凝练”就应该有“解凝练”，好比信息科技中对文件有“压缩”，也就有相应的“解压缩”。面对凝练的核心素养，我们是否可以，或者应该来个“解凝练”呢？

---

① 中华人民共和国教育部.普通高中地理课程标准（2017 年版）[S].北京：人民教育出版社，2018：9.

新课标还提出教学要“重视以学科大概念为核心”①，水循环不正是地理学科中的一个大概念吗？不简单、孤立地局限于“水循环过程与意义”本身的具体内容，而是抓住其大概念的属性，在这个大概念的统驭之下来解析、释放其所“凝练”的地理学科核心素养——这样一想，新课标背景下的教学设计好像就有点思路了。

一、水循环中蕴含的地理核心素养分析

大概念是指居于上位，能统摄许多下位知识及地理事实的概念；它指向学科核心内容和教学核心任务，能反映学科本质并联系学科关键思想和相关内容②。综合起来说，在学科知识体系中，大概念一方面具有有机黏合的作用，能够将碎片化的知识聚合为一个整体；另一方面，大概念则是具有普遍而重要的适用性，如物理学中的能量概念就是这样。

地理学科讲的水循环显然不同于密闭的人造装置中那种简单的水的循环运动，其广大范围、复杂过程及深远意义都显示它是一个层级很高的大概念，它贯穿几乎全部的地理世界，因此其中自然地就蕴含了地理学科的各项核心素养。

先说综合思维。水——特别是大量液态水的存在，这是地表环境独特性最主要的表现，地球也因之被称为“水行星”，并因此而成为太阳系中唯一有生命存在的天体。由于“水”独特的物理、化学性质，地球上的水以不同形态广泛分布在海洋、陆地和大气中，进而组成一个连续而不规则的水圈圈层，加上太阳辐射源源不断的能量供给，地球上的水循环就得以周而复始地进行。由此可见，水是地理环境中最基本而又极活跃、极重要的要素。一方面，其循环运动受到地理环境诸多其他要素的影响，另一方面，它也对地理环境其他要素及地理环境整体有着巨大而深刻的影响。因此，要“说明水循环过程”，这当然必须要有综合思维，要综合地考虑地理环境整体及其中的各种要素。而“水循环意义”正是它对其他地理环

① 中华人民共和国教育部.普通高中地理课程标准(2017年版)[S].北京:人民教育出版社,2018:4.

② 戴文斌,夏志芳等.基于大概念的高中地理跨学科教学资源的整合[J].地理教学,2018(24):5-8.

境要素、地理环境整体及人类社会的影响，这正是地理学科综合思维的体现。如此看来，则地理环境中水循环无处不在、无时不在，地理科学研究中必须时时、处处考虑之、综合之。

再看区域认知。在课堂教学常用的水循环示意图中，综合地反映了海陆间循环、海上内循环与陆上内循环三类。显然，这其中就蕴含着区域划分（空间）的思想、区域认知的思维方法。干旱区以陆上内循环为主，湿润区以海陆间循环为主，海洋上以海上内循环为主，它们是不同类型的区域。当然，更为普遍和重要的是，我们可以将水循环的原理、模式应用于不同尺度、不同类型的区域地理分析中，而任何尺度、任何类型的区域地理分析也离不开对水循环原理和范式的应用。

再看人地协调观。水资源是人类社会生存发展中最基本、最重要的资源，水环境可以说是我们环境中最重要的方面。人类活动极大地依赖于水资源的同时，也极大地影响着水循环过程及各种水体的形态与质量，“人水协调”也正是人地协调的极为重要的方面。

至于地理实践力，人类用水、治水、管水、乐水等实践活动可谓丰富多彩又极为重要，并由此形成众多事例和深厚文化积淀，诸如流域开发整治、高峡出平湖、南水北调、水环境治理、水景观塑造，所有这些活动都需要专业性的考察、调查、实验等地理实践力。

由此看来，被“凝练”出来的核心素养确实普遍、广泛、内涵性地存在于新课标所精选的“水循环”这个教学内容中。只要我们重视“水循环”这个大概念的核心作用，则在其统驭之下，就能在许多情景与案例的教学中顺畅而合理地解析、释放出其中的核心素养。“凝练”一词本身正说明核心素养是地理学科中内在的而非外加的元素，它的提出其实是学科教学实践与学科教学研究随时代发展的结果。

二、教学需要的改变

当然，以上的讨论还是没有解决问题。某种程度上，教师们还有可能更困惑、更迷茫了。因为上述那么多的复杂而牵涉广泛的内容要求与教学目标不可能在一两节课中展开、达成。回到起点，到底怎么完成课标中“水循环”这项内容要求？即到底怎么说明“水循环的过程及其地理意义”？

具体来说，根据我们过去的授课经验，对照新课标，则水圈组成、水体分类要介绍吗？水循环的环节要介绍吗？水循环的类型划分要介绍吗……显而易见，这些被称为基本知识的内容当然还是要讲的，尽管新课标没有把这些具体的内容罗列出来。新课标说的是“运用示意图，说明……”，则上述的那些具体内容应该是在示意图中的，那么，是否还需要熟悉、背记这些基础知识，具体内容的掌握（即通俗说的“背记”）是否应该被摒弃？

实际需要实现、达成的状态也许是这样的：学生们不需要刻意地背出有哪些水体类型了，甚至也不要求刻意地背出占比最大的水体是海洋、占比最大的淡水水体是冰川一类了，但这些基本知识却要作为常识潜在地存在于学生的认知结构中；不用强调背出水循环有哪些主要环节了，但包含着那些具体环节的“水循环的过程”却要以示意图的形式情景性地存在于学生的印象中，并在区域认知、区域环境分析、区域开发及资源问题、灾害问题等各种各样的问题情境中灵活而恰当地随时调用。

明确了这样的要求，我们不得不说相较以前的大纲、考纲，新课标的确是有着很大的进步和发展；它确实是以相关专家为代表的广大地理教育工作者们顺应时代要求精研细磨、深思熟虑的成果。

也许有教师会觉得，我们以前的教学相当程度上也在做这些事。但新课标明确地提出这样的要求，明确地引导、规定大家把学科教学的指向聚焦到这类地理学科的核心素养，正说明它更好地揭示、反映了地理学科的本质。

新课标背景下的教学设计不必在每一个教案中罗列各项核心素养的具体实现，各项核心素养也不必成为每节课的具体目标。它们应该是作为学科整体教学设计的终极目标、作为学科教学攀登的顶峰而被追求。既然是顶峰、终极目标，则当我们在山路上的时候就有可能还望不见它；我们在大方向上一定是在不断地趋近它，但也不排除在某些路段有可能与它疏离，正如兵法所谓的“以迂为直”。

客观地说，要达成新课标所规定的核心素养，对课堂教学质量的要求显然是提高了。要求提高往往意味着负担加重，但这又同“减负”的要求相矛盾。解决之道，唯有以大概念为核心、为统驭，转变教学思路，精选教学内容，改进教学方法来提高教学效率。

三、水循环教学设计刍议

（一）以经典示意图为情境，图文结合阐明过程

新课标提倡课程内容的情境化，但我认为，在“水循环”一课的开篇展示具体的水循环情境——不论是具有视觉冲击力的洪水视频还是新潮的海绵城市图片，或文字叙述的某突出事例，这些做法其实并不恰当，效果也并不好。这是因为，地理是一门关乎地球表层整体的宏观科学，学科中水循环的本意首先也是指水圈整体的水循环，它涉及水圈、大气圈、岩石圈和生物圈。因此，任何具体的水循环事例都不如经典的示意图（如图2.1）所表示的情境科学完整。虽然其表面的冲击力、吸引力可能弱一些，但真正的学科问题本来就不是浅层的表面直观刺激所能解决的，它是需要科学的观察和深入的思考的。

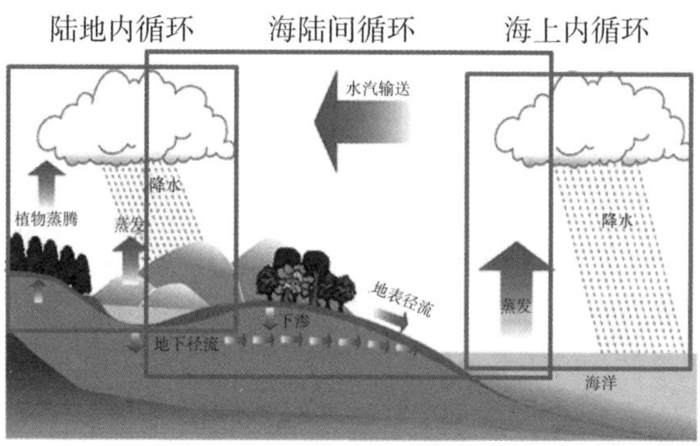

图 2.1　水循环示意①

这幅经典的模型化的示意图当然是属于“良好结构”的情境，为做好基本原理、基本范式的介绍，着实应该使用这样的“良好结构”。反之，具体的情境多为“不良结构”，它们一般难以呈现完整的问题，也因脱离学生的认知水平和知识基础而难以保证学生充分地理解其内涵；它们虽然

① 本节中图片来自上海市久隆模范中学单美英老师公开课的课件，谨此致谢。

貌似贴近学生、贴近现实，其实常常可能给学生增加许多不必要的信息而分散其注意力，或是带给学生片面的影响、碎片化的印象，尤其会使基础薄弱的学生走上不必要的思考弯路。的确，为着减负的目的，也为着学生有时间、有精力、有基础、有机会追求更高层次的学习目标，以最终高水准地达成学科核心素养要求，对于基础知识、基本原理、基本范式的介绍还是应该尽量简洁一些，尽量高效地直奔主题。

而且，情境教学法的核心在于激发学生的情感，课堂所创设情境的形象、生动、具体其实有一定相对性，赋予其中的情绪色彩也需要适当，情境对“内容要求”表达的充分性、完整性及情景的表现力才是根本。课堂中，让学生观察“形象、生动、具体”的场景不是为了感官刺激，也不仅仅为了获得感性知识，而是要借此高效地、成功地、饶有兴味地完成感性认知到理性认识的升华。为此，“运用示意图，说明……”这个要求中的“示意图”是工具、是手段，而“说明”才是重点。

怎样说明呢？以最重要的海陆间循环为例，除了直接地对照示意图按部就班地说明互相连接的各环节，还可以很简洁地表述为：汽从天上走，水往低处流。如果以此起步，则可以形成以下的问题链：首先，水汽从何而来？它来自海洋水的蒸发。那么，水汽进入大气圈以后怎么“走”呢？这就关联到大气运动的知识了，在图上则显示为“水汽输送”这个环节。“汽从天上走”的终点在哪里呢？当水汽成为降水降落到陆地之时，该地就是“汽”的终点——这又跟天气、气候密切地关联了。

显然，以上过程的能量主要来源于太阳能。而“水往低处流”的能量则主要来源于地球重力。无论是地表径流、下渗还是地下径流都是如此。在这个过程中，水体的形态是多样的，其变化也是复杂的，但“往低处流”则是其最根本的规律。而地表的高低起伏则属于地形地貌问题。水与地形地势相结合就形成水系特点；水系特点再与该地的气候特点结合便决定了河流的水文特点。而水在地下（*岩石圈中*）能否通过则还受到岩石性质的影响——如果进一步展开的话，那就进入对地下水问题的讨论了。水系特点、水文特点及地下水的问题都是选择性必修中要进一步讨论的问题。如上，在必修的学习中处理为“点到为止、引而不发”的状态，这似乎正是课标的本意。

“汽从天上走，水往低处流”——如果来自海洋的水汽没有“走”到陆上就以降水的形式回到海洋，这就是海上内循环；同理，如果水汽来自陆地水体的蒸发（包括植物蒸腾）并且这些水汽形成的降水又降落到陆地上形成各种水体（包括径流），如此循环往复，这就是陆地内循环。

（二）引入区域地理案例，呈现具体的可触摸的水循环

如上，水循环的课完全可以到此为止。但对于一堂地理课来说，到此为止的话，总给人感觉缺了点地理味儿。为此，经验丰富的教师一般会加入一个具体的区域案例。不涉及具体区域来讲水循环也许更像是地球物理的讲法，而非地理的讲法。另外，区域认知作为高中地理学科的四大核心素养之一，怎么培养，怎么在教学中落实？这其实是有难度的，需要刻意地加以设计的。因为高中地理的知识体系主要是部门地理，如果不巧妙地拓展、融合，学生有什么机会接触、学习相应的区域呢？多数情况下，就只有在海量的习题中去偶遇了；而在习题中偶遇时，我们又默认学生应该是已经具有对相关区域的认知基础的。其实，如果没有平时的巧妙融合、在反复的举例中向学生介绍，使他们熟悉相关区域，则相应的基础从何而来？

讲水循环比较理想的举例是黄河。承接前文，引入李白诗中的名句“黄河之水天上来，奔流到海不复回”，让学生思考：这是否符合水循环原理？显然，这个问题是有比较大的认知冲突的。李白的诗，那么出名的诗句，难道会有问题？水循环这么清楚明白的事情，人们会弄错？一番思考、议论的结果，学生发现大诗人的名句还真是不符合水循环原理的。黄河之水天上来，奔流到海是能够复回的。只不过，它是以人们不太注意的方式。而这个“复回”的方式与过程——对于学习了高中地理的学生来说，应该是很熟悉的了，就是前面讲过的“汽从天上走”，具体到黄河流域，则主要是东南季风的作用。

继续围绕黄河做文章，问：黄河流域的中游，与河口两处的地貌景观的形成有联系吗？中游是黄土地貌，河口是流水堆积地貌，黄河三角洲。这就顺便复习巩固了前面的地貌知识。它们有什么联系呢？正是因为流水在中游的侵蚀作用及后续的搬运，才有了河口流水的堆积作用，才形成了黄河三角洲。这就巧妙地过渡到水循环的意义，水循环“塑造地表形

态”“促进物质迁移”，好比是“雕塑家”与“传送带”。这个案例可谓一箭三雕：一是复习巩固了地貌知识；二是巧妙地借用旧知识引出新知识；三是复习介绍了具体、典型的区域案例。这样授课的效果显然是远远好过就事论事，空口讲解“雕塑家”与“传送带”。如果再加上“黄河断流”的案例，则有关水平衡、水资源的可再生性及可再生的有限性，以及水循环的“纽带”作用、调节器作用等就都可以串联、呈现出来了。

（三）关于问题引领下的自主学习

新课标倡导问题式教学和自主学习。对于问题与教学，还特别提出要关注真实的、开放性的、没有标准答案的问题。许多教师的困惑在于，对于基础知识、基本原理来说，怎么可能是“开放性的、没有标准答案的”问题呢？反之，这些“有标准答案的”问题难道是“不真实”的？

仔细地对照新课标的要求，以上的困惑表面上看似合理。实际上，如前所述，核心素养是基于学科本质的凝练，是高层次、终结性的学习要求，是需要许多的铺垫准备，经历一系列的过程才能达到的。新课标之所以倡导问题式教学和自主学习，是强调要提高学生“综合运用知识解决实际问题的能力”，特别地，这种能力的价值最应该体现的地方是在学生未来的社会旅程中，而非局限于课堂教学的虚拟案例中。

既然如此，那么，自然地，在初次接触水循环基本知识、基本原理的时候，“问题式自主学习”的要求其实可以降低一些。因为学生还处在“师傅领进门”的阶段，还处在了解、知道的阶段，要他们“综合运用知识解决实际问题”还不具备条件，缺乏相应的基础。

如前所述，水循环是个大概念，学生对水循环的学习，尤其是对相关知识、原理之运用的学习，这样的机会其实还多的是，教师根本不必急于在初次接触的一课之中使学生能够达到运用的程度。随后的区域环境分析、区域开发分析、区域资源分析、区域灾害分析……在这些全新的“不良结构”的场景中，开放性的、没有标准答案的、真实的问题数不胜数。那时，学生就不得不自主、合作、综合运用知识了。这些可不正是高二地理拓展教学的常态吗？学生的地理核心素养不正是通过这样的过程而逐渐地达成的吗？

回顾上述的整体的“水循环”教学过程，正是在“水循环”这个大概念统驭之下达成地理核心素养的必由路径。对于“水循环”的教学，下面将继续深入分析。

第二节　问题式教学的实施策略与实践反思

一、对“重视问题式教学”建议的研读

在新课标“实施建议”部分，列出的第一条是“重视问题式教学”①。对课堂教学而言，这应该是最重要、最直接的一条建议。有关“问题式教学”的含义、问题设计、注意事项等，课标中都作了较详尽的阐释。

研读这部分内容，笔者很直接、很强烈的感觉是，课标要求的“问题式教学”并不是很容易设计和操作的。因为它所反对的似乎是“叙述式”教学，即原初的那种简单直接的教学：告诉学生他们不知道的（知识）、解释他们所不理解的（原理）、教会他们所不会的（技能）。因此，答案基于对教材文本寻章摘句的设问式、问答式教学都不是“问题式教学”，而且二者实际上还相差甚远。

首先，“问题式教学”的“问题”要依托情境，且最好是较复杂的现实情境，而非抽象的简单情境或事例。这种情境不是仅为课堂导入之用，而是要能够被学生理解，又蕴含（关涉教学内容的）较完整的问题。它具有良好的知识关联性，既是学习的基础和背景，又能够贯穿学习的全过程。其次，“问题”的指向不是单一、孤立、碎片化的知识，而是要覆盖教材的若干内容、若干章节，要整合相关学习内容，形成有逻辑的问题链。为此，要关注在课堂中生成问题，要促进、激发学生在课堂中发现和提出问题。再次，“问题”的结果不只是答案或解决方案，而是要通过情境发现问题，通过问题发现知识，要引导学生通过问题的解决，经历地理思维发展的过程，从而建立相关知识结构，并学会分析地理问题、表达地理观点。最后，

① 中华人民共和国教育部.普通高中地理课程标准（2017 年版）[S].北京：人民教育出版社，2018：32.

要特别关注开放性的、没有标准答案的问题，而非封闭性的、可在课本中找到标准答案的问题。而在问题的解决中，还要特别提倡、鼓励学生的开放性思维和创新性表现。

综上可见，真正的、成功的"问题式教学"是一种要求相当高，相当理想的地理课堂教学境界。如果一堂课表现为较成功的"问题式教学"，则足以说明学生的地理核心素养业已达到相当高的水准。否则，学生何以能够理解较复杂的、多为"不良结构"的现实情境？又何以能在这样的现实情境中发现并运用地理思维解决相应的综合性的地理问题呢？

正因为如此，较成功的"问题式教学"课例多为复习课、综合课，而在新课教学中则较少出现。而且，以笔者所见，成功的"问题式教学"课例中引入的情境，相当部分正是各类考试中精心设计的试题情境。如刘筱清、刘贺两位老师在《问题式教学在高三地理复习课中的运用》一文中呈现的就是这样的优秀课例①。

然而，新课教学显然是更为基础、重要的，它是教学必须经历的阶段，是学生地理核心素养达成的基石。那么，在学生尚不具备许多基本概念、基本技能，尚不理解许多基本原理的阶段，如何成功地开展"问题式教学"成为关键。在对课标的反复学习研读中，在对"水循环"教学设计的反复琢磨中，笔者似乎摸到了一点门道。

二、"水循环"问题式教学设计

（一）围绕自然水循环的问题设计

对于"水循环"，课标的要求是"运用示意图，说明水循环的过程及其地理意义"②。

水循环示意图实际上也是一个情境。当然它是一个比较抽象的、概括性的情境，而非具体、实际的情境，但在教学中它的基础性地位与作用无法撼动。以这个示意图来说明水循环的过程，教师一般感觉已经足够

---

① 刘筱清，刘贺.问题式教学在高三地理复习课中的运用[J].地理教学，2018(23)：22－38.

② 中华人民共和国教育部.普通高中地理课程标准(2017年版)[S].北京：人民教育出版社，2018：9.

清楚明白，因此也就难以设计出有价值、有深度的问题，学习也就易流于浅表化。笔者则依托该图情境设计了如表 2.1 的系列问题，以此引导学生进入较有深度的学习。

表 2.1　水循环环节分析

环节	水的变化	原因(能量来源)
1. 蒸发	液态变为气态(相态)， 从海洋上升到大气中(位置)	太阳辐射
2. 水汽输送	水汽从海洋上空迁移到陆地上空	大气运动(太阳能)
3. 降水	气态变为液态，从空中降到地面	遇冷(地球重力)
4. 地表径流 5. 地下径流	从地势高处流向低处，最终汇入海洋	地球重力
6. 下渗	从地表渗入地下	地球重力
7. 植物蒸腾	液态变为气态，从地下上升到大气中	生物能(归根到底来自太阳辐射)

课堂中，教师以蒸发环节做示范并辅以一些解释，这样，学生就知道往下做什么、怎么做了。表中的第二列，让学生分析水循环示意图中各环节水的变化。其中，相态变化分析需用到简单的物理知识，这体现出地理学科的综合性；而水的空间位置变化，则是地理学科显著的属性和独特视角。第三列让学生分析水发生该变化的原因，实际就是水体运动变化的能量来源。一方面，能量是各类学科、各种运动中的通用概念，地理学科当然也不例外；另一方面，水循环的意义中“调节能量”“传送带”“雕塑家”等作用其实都是能量的表现。在这里把能量问题分析清楚，后面的许多问题就可以迎刃而解了。

此外，水循环一课的学习一般从水圈组成开始，由于它是个静态概念，很容易讲得死板、学得无味。笔者则先讲水循环(如上)，然后基于水循环示意图提问：对于这样的连续的水循环运动，如果我们对它按下暂停键，静态地看，存在于海洋中的为海洋水，那么存在于大气中、陆地上的呢？

由此过渡到水圈组成，再结合相关的饼状图或列表来介绍。这样，课堂内容就鲜活生动了；而且，这样的介绍也更科学、更符合实际。

有些水体学生不是很熟悉，不太明白究竟，为此笔者设计了如表 2.2 的“水体分析”系列问题，以此来使学习深化。

表 2.2　水体分析

水体	从哪里来	到哪里去
南极冰川	降雪	滑入周边海域，融化汇入海洋
洞庭湖	周边河流，降水	通过长江，流入海洋
青海湖	周边河流，山地降水、山地冰川融水	蒸发

探究中还可适当展开，如：气候干旱的南极何以积累起巨量的冰川？冰川数量随什么因素变化（涉及气候变暖）？又如：长江水会流入洞庭湖吗？什么情况下会？由此对长江洪峰有何影响？洞庭湖能变成青海湖一样的内流湖吗？这样一来，简单、静态的水圈组成学习就成了围绕水循环示意图、水循环概念与过程的具体化、深入化的探究。当然，考虑到学生的认知基础，课堂中需要补充相关的区域背景资料。课堂中，笔者呈现了湖泊水系比较图，由此带出外流区、内流区的概念，并突出外流湖、内流湖的不同性质。

（二）聚焦城市水循环的问题设计

在城市这样的人类聚居区，因为人的需要和活动，上述自然的水循环已发生很大改变。比如，生活中我们最熟悉的是什么水？当然是自来水。于是问：自来水从哪里来？怎么来？去向哪里？在水循环中，它属于哪一个环节？

这就把注意力聚焦到城市水循环了。辅以上海原水供应示意图等资料，学生经过探究，不难明白，自来水应该算地表径流，只不过它是人工的、被控制在管道中的径流。自来水的生产要经过水库蓄水，然后净化、消毒、加压才能送到居民家中，这是城市供水系统。使用后的废水如果直接排入河道，会造成水环境污染，现在一般通过专门的排水系统汇聚，然后经处理达标后排放到下游或直接排入海洋，这是城市排水系统。可见，城市的供、排水系统也是属于海陆间水循环的一部分，属于径流环节的一部分，只不过经历了人工的干预和影响。

综合看，城市水循环如图 2.2 所示，它是自然水循环与人工水循环的合体，将之与水循环示意图相比，人类的干预使地表径流发生了哪些改变呢？修水库蓄水是改变地表径流的时间分配，而人工管道、水渠引水是改变径流的空间分布。从全国范围看，最大的蓄水工程是三峡工程（对其防洪等综合性作用可略作展开），最大的引水工程则是南水北调工程。

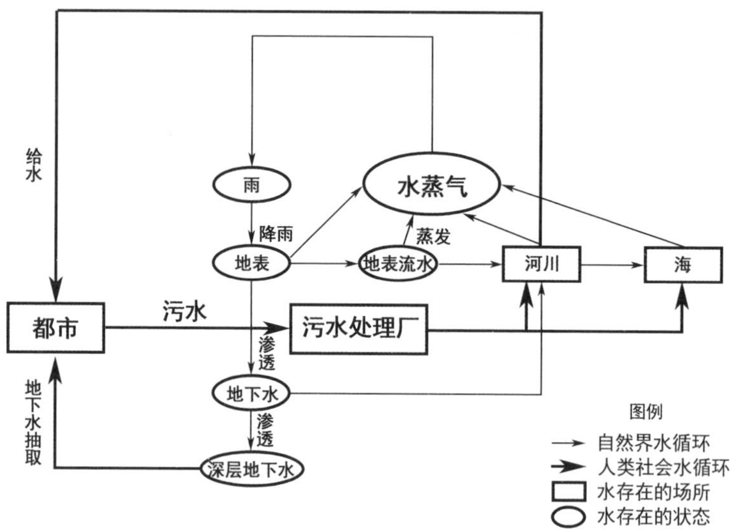

图 2.2 城市水循环

城市供水系统是为了获得水资源，排水系统是为了保护水环境，它们都是人类有意识地对水循环施加影响。实际上，城市是人类对自然干预强烈的场所，城市中的自然水循环与自然状态的水循环也有很大差异。为此，课上笔者给学生准备了城乡对比的景观图片（显示乡村有天然河道、植被覆盖率高；而城市多为硬质不透水的地面），让学生观察讨论：相比自然状态，城市中水循环会发生哪些改变？这些改变对城市环境又会造成哪些影响？

由此自然地引出海绵城市的概念，并可顺势介绍上海城市水环境整治的主题公园“梦清园”，引导学生课后深入现实情境中去拓展探究。

（三）探究水循环意义的问题设计

地理环境是开放的、复杂的，水循环实际上不是单纯的水的循环运动。此时，可呈现一张浊浪滚滚的径流图片，提问：在水的循环运动中，有没有谁在“搭车”，跟随着水一起运动呢？它们从哪里来？怎么来的？会去向哪里？为什么？这对地理环境会产生什么影响？

由此引起对水循环中泥沙问题的探究，这实际是复习前面学过的流水地貌、黄土地貌等知识。当然，现在是从水循环的视角来探究了。为此，还可以引入更具体的区域与现实情境，如问：黄河下游是什么地形区？它是怎么形成的？黄河中游呢？黄河中游的地貌和下游的地貌是什么关系？

还可以引导学生探究：为什么河流水是淡水而海水是咸水？这涉及水循环对可溶解盐类的搬运。水循环不断将岩石圈中的盐类物质带向海洋，使海洋的含盐量不断增大，这正是海水变咸的原因。而河流、外流湖中的盐类物质总是随水流走，因而其盐度不会升高，成为淡水。

总结起来，水循环对地理环境的影响是普遍而巨大的。它是“传送带”，是地球表面物质迁移的强大动力和载体；它是“雕塑家”，通过侵蚀、搬运、堆积，塑造了流水、喀斯特、黄土等地貌。它是联系地球外部各圈层的纽带，调节着它们的能量和水分。最为重要的是，它使陆地淡水成为可再生资源。

三、课后总结与反思

本课主要的、核心的情境就是“水循环示意图”，它明载于课标，是经典的、基本的、极其重要的。在本课设计中，它的确蕴含了较完整的问题链，贯穿课堂的全过程，体现了良好的知识关联性，既容易为学生理解，成为相关学习的背景和基础，又蕴含着许多具备探究价值的问题，有利于学生探究活动与思维活动的展开。而随着探究活动的展开，所涉及的问题自然地跨越了若干章节，从水循环到水圈组成，到水资源和城市，到大气圈和岩石圈等。

本课教学实践特别有启发的是，“水循环示意图”这个抽象的、概括性的教材情境，在教学进程中是不断地变换、转化为具体的现实情景的，并由此自然地体现出地理学科综合思维、区域认知、人地关系协调和地理实践力等核心素养。回顾起来，统摄在水循环示意图之下，本课先后引入了南极冰川、洞庭湖与青海湖水体、城市水循环、三峡工程与南水北调工程、流水地貌（黄河流域）等现实情景。经过以上学习过程，在面对更具体、综合、复杂的现实情景（如梦清园）时，学生对水循环知识的掌握与运用、学生的综合地理素养应当有成功、出色的表现，这才体现地理学习的成功进阶。

围绕情景，本课所设计的问题确实顺畅地整合了众多学习内容，这种整合也蕴含着内在的逻辑性。开始，问题的产生来源于对情景的观察与思考；随后，问题则不断地随着探究活动的展开而生成。同时，随着对问题的探究，学生不断经历地理思维过程，他们关于水循环的综合知识结构由此建立起来，分析问题、表达观点的能力不断得到锻炼。

令笔者感到困惑的是，这些问题算是开放性的吗？它们似乎都有确定的答案。这是否符合课标精神呢？我认为，课标所反对的主要是死板地在教材文本中找寻答案的“问题”。反之，一切基于实际情景的，运用地理知识与技能，通过地理思维才能获得答案的问题就是有价值的好问题。至于这类问题的答案是一种可能还是多种可能，是确定的还是不确定的，应该说，现实中各种情况都有。以本课来说，关于城市水循环的讨论有着相当的开放性，这主要是因为现行教材在这方面的介绍不多，很多现实中的问题还没有成为常识甚至还没有定论。实际上，不论哪种情况，真正切合实际的、具有真理性的睿智答案的获得，都离不了开放性思维和创新性表现。

如果简单地基于教材按部就班地开展本节教学，就较难体现深度学习，知识点呈现也易流于碎片化罗列。本课则在一定程度上实现了深度学习，问题探究中很好地串联起跨章节内容，相关知识在多样的变式运用中得以系统建构，各项核心素养也得到了很好体现，而表现性评价、思维结构评价也就能够开展了。

第三节　地理核心素养评价的思考

对于核心素养达成情况的描述、测评及反馈，在新课标的文本中有多处涉及，但集中性的表述是在“学业质量”和“实施建议”部分，特别是“实施建议”中的“评价建议”与“考试命题建议”部分特别值得关注。下面结合有关水循环的内容谈谈笔者对此的理解。

一、关于表现性评价

在2004年的印度洋海啸大灾中，10岁小姑娘蒂利运用地理课堂中学到的知识，成功地使100多人脱险①。这个脍炙人口的事例，从教学角度看，可谓最精彩的表现性评价“答卷”。回顾这个事例，学习时课堂中海啸影片的播放是基础，小姑娘能够理解、记住海啸来临的征兆则非常重要——她的老师应该为此做了一系列的事情吧。但特别重要的一点是小姑娘准确而且明确的判断，并且还能以自己的“严肃与坚定”影响她的父母，进而影响海滩上的其他人。这些才是真正反映素养高阶达成的表现。而在这之中，其他人特别是蒂利父母对海啸的认知结构、认知能力有没有起作用呢？毫无疑问，应该也是起了重要的作用。否则，如果是对海啸毫无概念、毫无敬畏之心的一群人，怎么可能把10岁孩子的这种话当一回事呢？再者，这同蒂利父母对女儿的了解程度及一家人的和谐关系也密切相关。只有以上所有这些表现汇聚在一起，那样的奇迹才会发生。

这样的事例当然可遇不可求，但这的确是我们的教学应该追求和指向的目标。这种目标可谓核心素养养成的终极目的，即教学能够影响、指导、规范人们的行为，赋予人们以卓著的远见和实际的力量。虽然这些反应只有在真实的情境中，在面对具体的任务时，才会在学生身上真切地表现出来；而学校课堂上的学习、练习及考试可以算是其某种形式的准备和演练。

---

① 白光润，江晔等.高级中学地理课本(第一册)[S].上海：中国地图出版社、中华地图学社，2018：49.

作为日常教学中的一个环节与一种手段，学生的表现与教师对其进行的表现性评价则是上述准备与演练中最有现实意义和实际效果的。尽管限于现实可行性，课堂所能够经常性地实施的表现性评价，多数还是在人为设定的较为简单、抽象的情境中，通过给予学生模拟的、较为简单的任务来进行。但只要给予学生完成任务的机会，教师能够适时地关注到学生在任务中的表现并对其做出适当的评价，而这种评价又能及时地反馈给学生并有助于其完成进一步的任务，促使他们反思从而成为后续行动的指导，促使他们的行为改进而使任务完成得更趋理想，表现性评价的价值与作用就体现出来了。这之中，师生间一定要有互动，这是最基本的。这种互动不是那种简单的问答式互动，而是学生围绕任务在语言、文字、思维、创造和实践力等方面有所表现之时，同时在学习态度、意志品质及问题解决、任务完成的能力等方面有所体现之时，教师就其具体情况针对性地给予评价与指导，这当然能更有效地促进学生核心素养的形成与发展。

以 2016 年上海等级考第 24 题“说明全球变暖对河西走廊农业发展的不利影响”这一任务为例，这是个涉及水循环的，貌似很简单的问题（任务）。如果以通常的试题评价做法，仅仅批改一下学生的卷面答案，然后课堂上讲评一下正确答案，对多数学生来说，教学的效果其实很有限。如果能真切地将表现性评价运作起来，则教学将进入完全不同的境界。因为这个貌似简单的问题其实并不简单，这是个完全不同于物理上冰遇热融化成水的问题。而相当多的学生正是沿着这种简单的单纯物理变化的思路来回答的，所以他们的答案是“使河西走廊的水资源过多，造成洪涝灾害”。有别于简单地在卷面上打叉、扣分，如果代之以表现性评价，则教师能够及时地发现问题的症结，充分体现地理学科综合性的特点，引导学生认识河西走廊环境的整体特点、主要问题、主要矛盾。这样一来，问题的答案就再也不可能是“水过多以至爆发洪涝灾害”了。这种荒谬答案反映了学生对河西走廊这个地区的区域认知有问题，对“主要靠冰雪融水补给的河流多分布在水资源缺乏的干旱区、内流区”这些知识理解得不深入透彻。

即便经过以上的点拨，有些学生对于“水资源更加缺乏”这个正确答案仍然想不通。气温升高，冰雪融化增加，径流量就应该增加，怎么会更加缺水呢？对这种疑问的彻底解决，需要启用极限思维的办法，即假设气温升到足够高，使得祁连山上的冰川融化殆尽，从此没有冰川了。这样一来，河西走廊农业的情况会怎么样呢？为此，在表现性评价的互动中，不妨先表扬一下学生，他们的想法并非完全错误，如果气候是快速变暖的话（实际不可能），一场短暂的洪水确实会发生，但河西走廊的最终结局，显然地，一定是所有绿洲不复存在。至此，他们真正的疑问全部、彻底地得到解决。

以上只是面对一个简单的问题而远非复杂的实践活动，但相应的结果也只有在关注表现性评价的师生密切而深入的互动中才能有效、充分、全面、实际地达成。为了更优质的教学效果，更多地在新的真实情境中为学生设计合理有效的任务与问题，给予他们综合性、复杂性、具体性表现的机会与平台，并对他们在活动中的表现开展过程性的评价与指导，就能够更全面、更有效地掌握、描述他们核心素养的达成情况，同时也就能大大地促进学生地理核心素养的达成与进阶。

二、关于思维结构评价

思维结构评价使试题评价从“采点”到“采意”，更注重学生答题字里行间的逻辑性，使核心素养的评价更为科学合理①，这当然是正确的、好的做法。但这不也是理所应当的做法吗？反倒是那种“采点得分”的做法显得怪异、不合情理。但“采点得分”是怎么出现、怎么形成的呢？追溯起来，显然那是在问题具有开放性、复杂性的情况下，在学生实际答案特别复杂多样的情况下，评卷时无奈的、简单化的、粗放处理的办法。因此，运用思维结构评价的问题在于它是一种精细的、高级的评价，对于评价者的能力要求及其时间和精力付出都比“采点得分”要高得多。所以，笔者认为思维结构评价在运作上还是要抓住关键，适当地简化层次，从而使之具有现实的、经济的可操作性。同时，也只有在简化之后，其重点、关键与核心的价值才能凸显出来。

---

① 朱丹，黄文斌等.SOLO 试题命制研究[J].地理教学，2018(15)：52－55.

能不能够简化呢？思维结构评价的水平一般分为五级，笔者认为其主体的、有意义的表现其实就在于“多点结构”和“关联结构”这两级，而主要的形成有答案区分度的、体现深度学习与核心素养达成进阶的，则在于关联结构中是否体现出逻辑整合能力。首先，所谓的“无结构”或“前结构”水平，实际上是没有经过有效的学科学习的状况，这类答卷现实中当然或多或少地存在，但这显然是非正常教学的结果，是可以被“忽视”的状况。而且相应问题在客观性试题中就能够测评到，完全不必留到主观性试题中。其次，“单点结构”在经过基本的学科学习后是很容易、很方便地转化为“多点结构”的。例如，对于区域自然环境特征的分析，学生只要熟记了区域自然要素包括气候、地形地貌、水文水系、土壤、生物——一般简称“气地水土生”五要素，他们的答案怎么可能只写出一点而不及其余呢？再如，自然资源主要包括土地、水、气候、生物、矿产资源——简称“土水气生矿”五类，这样一熟记（当然先得理解），在认知结构中有了这样一些基本的知识框架，那么，学生们的答案就不会是“单点结构”了。

实际的试卷分析也表明，只要经过了基本的、有效的学习，考核“多点结构”的题目得分率都不低，而区分度大、区分度好的题目则多数是关联结构及其逻辑关系的表述一类。以 2017 年上海等级考第 30 题来说，题目要求“从气候的角度，分析白洋淀 1、2 月和 5、6 月水位偏低的原因”。这道题目本身直接就限制为“单点结构”，只要求从“气候因素”分析，而把考核的重点放到了逻辑关联性的阐述上。当然，如果从气候概念中包含着多方面因素的角度来说，以及从造成水位偏低的气候方面的多因素可能性来说，它倒又确实体现了对“多点结构”的需要，但这实际上是概念的外延问题，那些所谓的“多因素”其实是气候概念本身的应有之义。

此题虽然考的是气候，但解析中如果能加上水循环的角度则可以解释得更加透彻，逻辑上可以更顺畅，也更易于为学生所接受。白洋淀作为一个水体，其水位降低的原因一定是水补给得少、损失得多；在题目限定的时间段里，气候上什么原因、什么状况会造成白洋淀的水补给得少、损失得多呢？这样一想，只要具备对该地气候基本的了解，答案就基本清楚了。

至于层次最高的“抽象拓展结构”，现实的情况是题目中一般来说不会涉及，也不宜涉及，因为那要上升到趋近于哲学认知的高度。对于中学生而言，在地理这样的具体学科中，可以包容其发展，但没有必要刻意地走那么远，还是应该以关注学科自身的具体问题，切实地、高质量地落实学科本身的核心素养为主。

三、关于学业质量要求及测评中学生面临的具体任务

课标把“学业质量”分为逐渐递进的四级，其最高的当然也就是高中地理阶段性最终的质量目标，是第四级，这应该是高中地理教学的整体指向，尽管不是所有的学生都能到达第四级。其中，它对各核心素养质量水平的描述都涉及水循环这个内容，但最密切、最直接的是在综合思维中，它要求学生“从自然环境各要素的物质运动和能量交换的角度，分析……水的运动与变化规律，以及各要素之间的相互影响”①；其他诸如人地协调观中提到的环境问题、分析自然环境对人类活动的影响和作用、资源问题等，其中当然也包含了水循环的因素；而在区域认知部分，要求学生解释自然环境的整体性与差异性，分析特定区域的自然地理特征与环境演变过程等，显然也是包含着水循环这个因素的。

对于以上目标的达成，学生对于水循环内容的认知掌握当然是基础；但同样重要的是，在复杂的真实问题情境中，学生需要意识到“问题与情境”中暗含着的“水”这个要素，也就是一、二级水平中所谓的“辨识自然地理要素”。对此，“气地水土生”“土水气生矿”一类口诀的作用与价值就凸显出来了。针对问题情境，学生一旦想到这类口诀，接下去要做的，也就是从“水”这个字着手把与水循环相关的概念、原理、方法、思想成体系、成系统地牵引出来，然后运用到问题的解决中。

在“考试命题建议”部分，课标列出了五大类具体任务。其中，空间格局的观察、概括、归纳，空间动态过程的观察、规律概括与趋势预测，地

① 中华人民共和国教育部.普通高中地理课程标准(2017年版)[S].北京:人民教育出版社,2018:29-30.

理特征的分析、综合比较以及地理联系的分析、推理①等四大类显然都直接关联着水这个要素与水循环的内容,而“绘图与图解”作为工具当然也是可以用之于水循环的。

水循环真的是这么无所不在吗?细想起来,情况还真是这样。如大家最熟悉的“从水系分布判读地形地势特征”一类问题,细想一下,我们怎么能够从一个地区的水系分布判断出该区域的地形地势特征呢?原因正在于水循环的动力之一是地球重力,水系的形成正是小溪小河顺着地势逐渐汇聚形成大江大河直至入海的过程。按照笔者编制的歌诀就是“陆水趋低是径流”“细流涓涓汇江河”“百川滔滔归大海”这么几句,当然更简单的归纳就是“水往低处流”。

袁书琪教授曾特别指出,“学生的学业难点与地理问题情境的复杂程度没有完全的相关性,而与学生对地理问题的熟悉程度相关性较高”;“地理学科的特性是课程内容‘并联’式配置”,它“不像其他学科‘串联’式循序渐进地配置内容,地理学科高考内容的难度和深度,并不完全按学段、年级而进阶”②。对照这些论述,再来看水循环这个内容,回顾一下学生们对水循环的认知过程。

学生是什么时候、在什么状况下接触并开始对水循环的认知呢?似乎可以追溯到他们观察的第一颗雨滴、第一股水流、第一缕蒸汽,然后是对河流的直观认识,对湖泊、海洋的直观认识,对“百川滔滔归大海”的直观认识……有了诸多的认识后,到高中正式地讲“水循环”的时候,许多人粗粗地一看,水循环就这么回事啊,很简单嘛。许多非地理学科的老师来听这节课的时候正是这么想的——地理很简单嘛,这有什么好学的呢?

实际的情况当然不是那样。那么,困难和问题究竟在哪儿呢?换言之,高中地理学习之后,学生对水循环认知的“进阶”体现在哪里呢?单以降水这个环节来说,这是个常用降雨来代替的概念,但在严格的学科概

---

① 中华人民共和国教育部.普通高中地理课程标准(2017 年版)[S].北京:人民教育出版社,2018:45-46.

② 袁书琪.高中地理课程标准研读应关注的几个关系[J].福建基础教育研究,2018(4):13-16.

念中，降水的科学定义应该包含雨、雪、雹、霜、雾、凇等各种形式。只是在多数情况下，多数地区的确可以用降雨来代替。与人们的直观感觉相比，这的确就有点综合、复杂了。又如蒸发这个环节，它根本不同于液态水升温到沸点而汽化的物理实验。影响蒸发量的因素很多很复杂，还要包括植物蒸腾，且受到人类活动的影响；而人类活动对水循环的影响又需要明确主要是在地表径流这个环节……事情就这样在综合思维中无比具体、无比复杂起来。

以上这些还没有触及地理学科的核心与本质。地理学科的核心与本质是我们要能够分析有着区域差异、区域特点的水循环（而非密闭的机械设备中的水循环），要能够分析水及其运动在环境整体中的作用及它对其他地理环境要素的影响，要能够分析环境中的水及其运动对人类社会的影响、人类活动对环境中的水体及水循环运动的影响……所有这些，没有相应的案例分析训练，没有对相应问题的深思熟虑，当然就不可能有好的学业表现。

实际上，地理学科课程内容之所以表现为并联式配置，应该是跟地理学科具有综合性、区域性特点，跟其兼有自然科学和社会科学的性质密切相关。小学生、初中生都有对水循环的认识，但经历高中地理学习之后，学生的认识与前者显然不可同日而语。虽然地理高考内容的难度和深度的确“并不完全按学段、年级而进阶”，但课标所规定的全面的地理核心素养的养成却一定是随学段、年级而逐步进阶的。

同理，我们须得明确，围绕核心素养所做的包括测评在内的种种努力的指向，对于核心素养的终极性测评，应该是持续到学生的漫长人生中，持续到他们进入社会成为社会的主体与主力之时。那时，他们面临的测评实际上比蒂利面对海啸（一种非常态的水循环）还要复杂，还要富于挑战，而学生们的表现——至少对部分学生来说，他们的表现的意义与影响可能远比帮助一百多人逃生更加重大而深远，尽管这样的影响可能不是那么惊心动魄，不是那么外露直观。

第四节　从核心素养返观知识内容

按照课程标准的表述，地理核心素养是学生通过学科学习而逐步形成的正确价值观念、必备品格和关键能力①。因为它是教学的内在性、终极性目标，在这个表述中，甚至都没有提及知识。当然，核心素养实际是包括知识的，它是基于挑战性情境的知识、能力与品格的综合。而且，所谓能力，正是三维目标中知识与技能、过程与方法的提炼与整合。

传统教学一般被认为是以知识为本。尽管在今天潮流性的语境中，“知识为本”处于被批判与否定的位置，教学被普遍地认为应该以“素养为本”。但毋庸讳言，现实中知识为本的教学仍具有相当强大的惯性力量。又正如黑格尔所言，现实存在的东西总有其合理性。那种强大的力量和惯性自然也并非毫无可取之处，“否定”也应该是辩证地否定。一方面，基本、必要的知识本身就是核心素养不可或缺的重要组成部分；另一方面，知识内容既是各种情境问题的内涵所在，知识的学习与运用又是各种能力、品格和观念得以体现的载体，得以表现的平台；再有，还必须承认，一些纯粹的原理性知识虽然并不直接体现地理学科的四大核心素养，但却是通向地理核心素养路径上的基石。因此，立足核心素养返观知识内容，对其进行调整与设计，这实际是落实“素养为本”教学的一项很有必要的研究性工作。

一、热力环流原理

比如热力环流，作为一个纯粹的大气运动模式，它本身并不涉及区域认知、综合思维，与人地协调观也没有直接关系。运用示意图来说明热力环流就是地理实践力吗？示意图，包括电脑动画等作为该原理的一种表达形式——当然要直观一些、趣味性一些，但与语言描述相比，其实并不存在本质的区别。相应的动手实验就是地理实践力吗？但这个实验实际

① 中华人民共和国教育部.普通高中地理课程标准（2017 年版）[S].北京：人民教育出版社，2018：3.

更像一个物理实验，说它体现物理实践力也没有问题，也许还更为贴切。（这似乎有囿于学科门户之见的嫌疑，但笔者认为，打破学科藩篱主要应体现在常态化地调用跨学科的常识与常理来为我所用）

只有在加入海陆热力差因素，把热力环流原理运用到解释海陆风、季风等现象，或者加入地转偏向力因素，运用到解释行星风带以及相应的天气和气候现象时，地理学科才突出地、无可回避地体现出综合思维、区域认知等地理核心素养。如果把以上相关现象的系列问题都算作是“良好结构”，则特定区域的更具体、更现实的状况，如青藏高原对大气环流的影响、青藏高原气候特点的形成、青藏高原某特定地区的天气和气候特点等就成为“不良结构”的现实情境问题。也只有在这些现实、具体、相对不太宏观的区域范围内的复杂情境中，人类活动的影响才得以充分体现。同时，环境对人类的影响也才得以具体化。于是，人地协调观、地理实践力才成为重要而且极其必要的讨论话题。

因此，从地理学科角度看，热力环流原理本身不应该成为一个知识重点和难点，它就是一个常识性的原理。其具体运用，特别是在各种“不良结构”的现实情景中的运用才是重点和难点。现行热力环流之所以成为某种程度的教学难点，主要因为两个方面内容。一是近地面与高空（垂直方向）等压线的弯曲表现以及相应的高压、低压判断；二是受热处近地面表现为低压，高空则表现为高压，环流模式图中出现两组甚至三组高、低压，高空的高压的气压实际却是低于低空的低压，如图 2.3 所示。相当一部分学生，正是被这些有点繁琐也有点碎片化的知识弄得晕晕乎乎，被相关的题目搞得糊里糊涂；结果题目做来做去，对热力环流本身的含义与意义却还是难明所以。

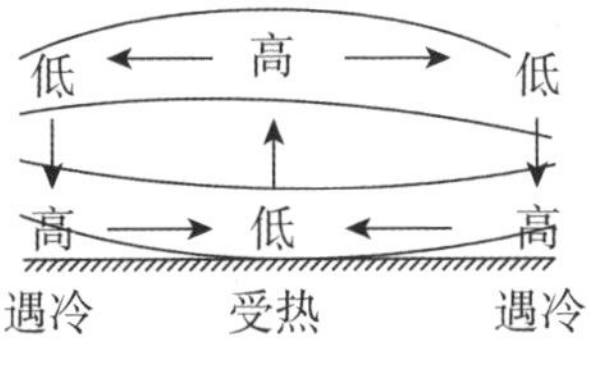

图 2.3　热力环流示意图

当然，以上这些内容对于训练学生的读图能力、思辨能力有一定作用。但如果除去这些略显繁琐的内容,热力环流原理其实就是:“高温(受热)气流升,上升气流散”,于是在近地面形成低压区,低温(遇冷)处反之,由此造成近地面空气的水平运动(风)。“高温气流升”的验证与说明则可举例生活中学生非常熟悉的常识,如火焰一般都朝向上方,从烟囱里冒出的烟多是向上升。其原因在于,气体受热后体积膨胀、密度变小,于是在浮力作用下作上升运动(初中物理重点学习过,属于常理)。气体上升后扩散,受热处垂直空气柱的空气减少,因此气压降低,最后形成相对于周边地区的低压。如果邻近的是一个冷区,冷区与热区对比,那气压差异当然就更明显了。而在水平方向上,很容易理解,空气总是从气压高的地区流向气压低的地区(常理),于是风就形成了。什么是风?空气在气压梯度力作用下的水平运动就是风。

“高温气流升,上升气流散,故而成低压”,这本来是笔者为帮助学生记忆热力环流而编的歌诀,但后来发现,这种独特的热力环流表述形式,正是舒尔曼所谓的教师教学知识(pedagogical content knowledge, PCK)。它实际是改变了知识的表述形态,即将学科专家学术化表达的学科知识(subject matter knowledge, SMK)“热力环流”转化成“高温气流升”。与“热力环流”这个较抽象的学术概念相比,后者把现象与原因、过程与结果直观地、浑然一体地融合在一起,因此非常容易被学生接受,有助于透彻理解,牢固掌握。同时,它还特别方便学生提取运用,在各种情景中都能做出快速、准确的判断,简直是有奇效。不论是海陆风还是山谷风,学生只要找出升温快的地方,马上就能根据“高温气流升”确定其为气压下降的低压区,就可快速准确地判明并标出热力环流模式。

“低压升阴雨、高压沉晴朗”的情况类似。这两句歌诀不论用于行星风带还是气旋与反气旋,都简洁明了,点明了现象与原因,逻辑推导、因果关系都自在其中,还与热力环流有着一种承接的关系。授课中,只要把道理讲明白,把前因后果分析清楚——因其天然地符合人们的认知基础(常识)和演绎逻辑(常理),故学生很容易将其建构为自身认知体系的有机组成。这种歌诀式的表达虽貌似简单,但并不损害知识的完整性、严谨性、科学性,反而使知识的要点、认知的关键点异常突出,因而特别有利于学生透彻掌握,以及在具体情景中准确运用。

基本原理与基础知识在具体情景中的区域性、综合性、实践性运用，并在其中体现人地协调观，才是体现地理学科培养地理核心素养的教学指向。按照现行课标，天气系统、行星风带与气候等都已后置，安排在选择性必修1中，必修1中只要求运用示意图说明热力环流原理并解释相关现象。相对于此前，必修1中大气运动的内容大幅减少，许多教师因此担心学生高一基础不足、高二任务太重。但实际上，选择性必修1中的天气系统、行星风带等内容，可视为能够用“高温气流升”“低压升阴雨”等原理来解释的现象，未尝不可以出现在必修1中，只是不必做专门化、系统化的要求。在必修1教学中以基本原理为主体，以解释相关现象为指向，在选择性必修1中再将其做系统而完备的归纳，正体现必修1“宽而浅”与选择性必修1“专而深”的关系。有鉴于此，把握好必修1与选择性必修1之间的密切联系而做好衔接与拓展的准备，虽引而不发却又蓄势待发，庶几这正是必修1教学的关键。

二、大气运动的主要问题

作为地理环境中最为活跃而多变，又对地理环境影响巨大而深刻的要素，大气运动一直是高中地理教学的重点和难点，其内容构成一个庞大而复杂的体系。知识本身就已构成庞大而复杂的体系，再运用到具体、现实的区域情境中，那就更千变万化、错综复杂了。但如果从大概念、单元化教学的视角审视，大气运动主要的、核心的问题其实不外乎三个方面，可将它们排比化地归纳如下。

（一）热（量）怎么来？

首先，热量随着太阳来，因为太阳辐射是地球表层能量的主要来源。不同纬度的太阳高度角不同、白昼长短不同，因而太阳辐射在地球表面的分布就有纬度差异。因此，在有关自然地理环境分析的区域认知中，首先要看纬度，这是最基本的。一些地理素养表现较弱的学生的症结正在于不注意看纬度，有的甚至连纬度的概念都没有。同时，由于地球的公转运动，同一地点不同季节的太阳高度角与白昼长短也不同，这便造成气候的季节变化，特别是在中纬度地区。因此，综合思维中必须考虑季节变化这个要素，必须要有季节变化的概念。

其次，热量随着热风来。如在季风区，夏季风（偏南季风）造成暖热，冬季风（偏北季风）则带来寒冷。推而广之，从较低纬度吹向较高纬度的风一般带来热量，来自较高纬度的风则带来“冷量”。再次，热量随着暖流来。即暖流使沿岸环境增温增湿，寒流则使沿岸环境降温减湿。最后，热量随着海拔来。其含义是气温随着海拔降低而升高，海拔本身并不是像太阳那样的热量来源。这跟热量随着太阳来、随着热风来虽然表达形式相同，但其含义却是不同的。

此外，热量问题还有一个特殊而重要的影响因素——海陆热力差，这使得气温变热时陆地比海洋更热，变冷时陆地比海洋更冷。实际上，由于水的特殊热力性质和相态变化特点，水的潜热储备和释放对环境中大气的热量状况有着非常复杂、深厚却隐性的影响。

（二）风怎么吹？

具体的情形虽然复杂多样，但规律其实很简单：从高压往低压吹。然后，在地转偏向力作用下，北半球向右偏，南半球向左偏。如果没有气压差或气压差很小，则空气就难以流动，于是出现无风带——赤道低压这类气压带就是这样的情况。而风带总是在气压带之间，风总是出现在气压差明显的地区，气压差越大，风力就越大。按照这样的归纳，台风中心位于上海正东时，上海吹什么风？南半球的信风带吹什么风？这些常令学生犯难、犯错的问题，其实都只要简单地想一想、画一画就能得到结果，根本用不着死记硬背，也不应该反复出错。

在天气系统的学习中，低压、气旋、逆时针旋转、辐合、上升、天气特点、台风、热带气旋……与之相反的高压情况，与之相反的南半球情况……如果把这些都作为必须“掌握”的知识，那确实够多、够繁，非常容易混淆，也难怪学生会反反复复、无休无止地出错。为此，笔者很想把气旋叫成低压旋——因气压分布为低压形势而形成的空气涡旋，相应地反气旋就是高压旋。然后，在北半球，如图 2.4，“低压升阴雨，右手朝上；高压沉晴朗，右手朝下”，南半球则换用左手比划，这就很清楚了。而且，北半球地转偏向力向右，所以用右手；垂直气流“升”，当然手势就要“朝上”;垂直气流“升”,空气的温度下降,其中的水汽发生凝结,当然会出现“阴雨”天气。这其中的道理就很自然了,则知识的建构就容易而牢固了;相应地,出现混淆与错误的概率也就会大大降低。

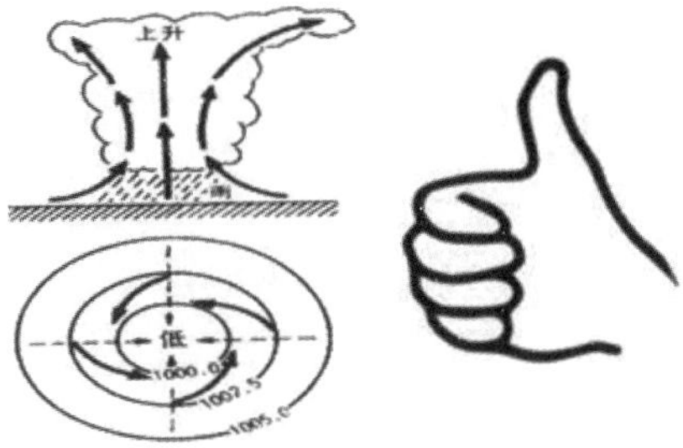

图 2.4　低压升阴雨,右手朝上(北半球)

(三) 雨怎么下?

首先,在低气压带下、在气旋经过时下——因为“低压升阴雨”;其次,在锋面经过时下、在迎风坡下——因为“升阴雨”;再次,在吹海风时下——因为来自海上的空气水汽充足;还有,在受中纬西风影响时下——对于大陆西岸地区,西风就是海风,而且它是从较低纬度吹向较高纬度,温度降低则水汽易于凝结。同样地,情况虽然复杂多样,归纳起来就是:雨在含有水汽的空气抬升变冷时下——水汽变冷,不断凝结,然后形成云、雨,于是出现阴雨天气,强烈时则形成狂风暴雨天气,这一切都很自然,符合常理,很容易理解。反之,如果空气中水汽含量很少,如果气流下沉,那当然就是少雨晴朗天气。

三、激活惰性知识

必修 1 中有关大气圈的内容共两条:1.5 是关于大气的组成和垂直分层,1.6 是关于大气的受热过程和热力环流。① 其中大气的组成比较容易成为惰性知识。理论上说,大气的每一种成分、每一种成分的含量多少对于地理环境的形成都有重要意义。但实际上,像氮气这样的成分,其含量比较稳定,其波动一般也不对地理环境产生大的影响,因此也就不太引人

① 中华人民共和国教育部.普通高中地理课程标准(2017 年版)[S].北京:人民教育出版社,2018:9.

关注。这类静态的大气组成知识与区域认知、综合思维、人地协调观、地理实践力等地理核心素养的关系并不大。

有关大气组成的知识中，真正有价值的，是随着人类活动含量发生变化的某些成分，特别在它们对大气及地理环境整体产生重大而深刻影响的情况下。以全球变暖问题来说，尽管大气中的温室成分包括水汽、二氧化碳和尘埃，但大气中的水汽并不会长期增加，而是随着大气运动和水循环维持着动态平衡。尘埃的含量也是，它们不断被扬起，又不断发生沉降。由于自工业革命以来人类巨量的化石能源消耗，只有二氧化碳在大气中的含量不断增加，由此造成全球环境不断变暖，成为重大的环境问题。

雾霾、酸雨、臭氧洞等问题也类似，都是由于大气组成成分的变化导致，只是具有一定的区域性。循此思路，气象气候灾害又何尝不是如此？它们是区域大气及地理环境中水分含量变化的结果。如果以这样的视角和思路来讨论上述问题，区域认知、综合思维、人地协调观及地理实践力的内涵可就丰富了。

这种以动态、变化的视角来看待大气组成问题，聚焦大气组成的变化及其具体的区域性环境影响，大气圈的全部内容就真正融合为一个整体，大气受热过程原理、热力环流原理、垂直分层原理都在其中，天气与气候变化也在其中，地理环境的整体性等都在其中。在这样的情形下，知识都是灵活的、动态的，死记硬背既没有什么必要，也没有什么用处，因为学习与测评都是围绕地理核心素养在进行。

四、常识合常理

作为一位有相当教龄的教师，笔者对数十年来教学要求与教学模式的变化有切肤之感。因应这些变化，在课标已经将核心素养明确列为我们教学追求的情况下，基础知识、基本技能的形态与表现应不应该、可不可以、能不能够有所变化呢？

当我们赞叹核心素养的提出为地理教学增加了新的内涵，提出了新的更高要求的时候，切不可忘记，还普遍地存在学生负担的问题。特别在新旧转换之际，新的内容要加入，如果旧的内容都不愿割舍、不愿改变，那么坎坷与曲折可能就难以避免了。

正是基于以上考虑，在对课标的反复研读中，笔者认为，根据课标精神从核心素养要求来看课程的内容要求，并对那些我们非常熟悉的知识点、技能点进行审视很有必要，也很有意思。“知识为本”的教学不是惯性力量强大，扭转起来困难重重吗？上述那样的审视，即从核心素养视角审视“双基”要求，进而对传统的“双基”要求进行扬弃与转化，以此为新课标“素养为本”的教学拓宽思路、开辟空间。

知识与技能当然是客观的，其内涵当然无法改变。但基于不同的教育理念与追求，知识与技能又是可以选择的，在教学中它们的表述形态与实施策略完全可以与时俱进地进行调整、变换，以达成更合理、更有效的课堂。从素养追求的角度看，“高温气流升”这样的表述一方面使得必需的知识高效地成为人们的常识，又让这样的常识在建构过程中符合学生认知的常理并巩固该常理——常识合常理，形式上则简洁而美观。

从认知角度而言，当知识成为常识，当原理被认可为常理，而且在学生认知结构中两者成为“合”的关系——只有在这种状态下，它们才容易转化成为人格中素养性的存在。以此为基底，在面对各式各样复杂、具体的情景时，学生就能够不迷失方向，既能守正又善创新，则专家思维自在其中。而审视现实中的地理学习，许多学生那些令人哑然失笑甚或匪夷所思的回答，多数是因为缺乏常识或有违常理。

第五节　地理实践力的培养

地理实践力这个概念在提出之初，是比较轰动并引起热议的。之前，曾有地理要“对生活有用、对终生有用”的提法，但直接要求开展实践活动、培养地理实践力，是新课标的新要求。

开展考察、实验、调查等实打实的地理实践活动，由此培养学生的意志品质和行动能力，的确为地理教学增加了新内涵，开辟了新天地。与此同时，也应该看到，多数地理课堂——可称之为常态课堂，并不在考察、实验和调查中，也不可能在考察、实验和调查中。那么，它们是否就跟地理实践无关，不能培养地理实践力呢？

显然不是。因为,从根本上说,地理学科的所有内容都来源于实践,地理学科的所有学习都应该指向实践。因此,立足常态课堂,在常态课堂中花心思、下功夫,也是培养地理实践力的重要方面。毕竟,课堂永远是教学的主渠道、主阵地。下面试结合案例谈谈笔者的一些初步探究。

一、在教室中进行模拟观察——月相教学案例

对下面这幅课本插图(见图2.5)的学习,可从一个有些"无厘头"的认知冲突引入:学地理的都熟悉"上北下南、左西右东",但这幅图上怎么是"左东右西"呢?原来,"上北下南、左西右东"是地图上判断方向的规律,但地理中并不都是"左西右东"。而且,月亮是在天上,并不在地上。月相图是"天(空)图",不是地图。

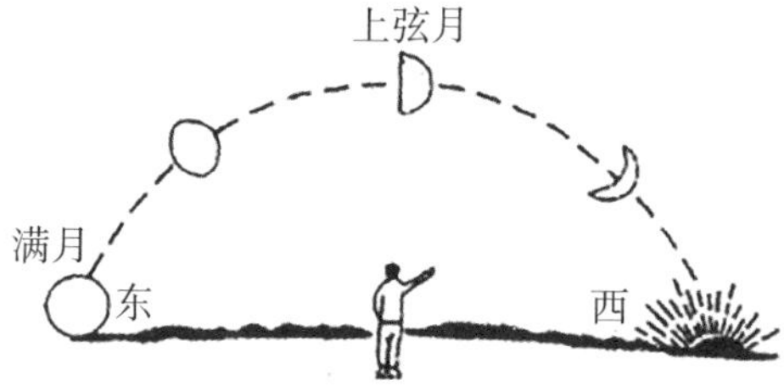

图2.5　黄昏时月相变化及其位置

这个"天图"应该怎么看呢?它应该挂到天上去看。怎么挂到天上呢?我们应该面向南方,把书举起来(如图2.6)。哪边是南方?

图2.6　把书上的月亮挂到天上

对生活有用的地理、地理实践力培养就开始了。即使在教室这个最简单、最熟悉的情境中,许多学生其实并不会判断方向。笔者告诉学生,我们教室窗户的方向,中午阳光所在的方向就是南方。因为上海是在北纬三十多度的地方。面向南方,左边是早晨太阳升起的方向,所以是东方;右边是黄昏时太阳落下的方向,所以是西方。所以,如图 2.6 所示,方向是“左东右西”。

这是个黄昏图,黄昏时太阳在西方,此时,在东边升起的一定是满月。因为日地连线与月地连线大致呈 180 度角。然后,随着地球向东自转,月亮越升越高,太阳越落越深。子夜时,皓月当空;第二天黎明时,太阳从东边升起,月亮才在西方落下,所以,满月通宵可见。

这个图上有新月吗?图上没有画出,但其实它就在太阳所在的方位。此时,日地连线与月地连线呈零度角。此时,月亮与太阳是同时从东方升起,同时从西方落下,月球是阳光照不到的黑暗一面对着我们地球上的观测者,又是在明亮的天空背景中。因此,新月整日不见——白天时,它与太阳一起在天空中大致相同的位置,我们看不到它;夜晚时它根本不在我们所能看到的天空,而是与太阳一起在背向我们的另一边的天空。

图中位于正南方天空的是上弦月,出现在阴历月初七、初八——即上半月;它出现在黄昏,随着地球自转,将在子夜时落到西方的地平线之下,即只在上半夜可见,所以可归纳为“上上上”。在地球上的观测者看来,它从正南方移动到西方天空落下,即只出现在偏西的天空;同时太阳在它的西侧,阳光从西边照过来,我们看见它只有西边一侧发亮,形状像字母 D,所以可归纳为“西西 D”。

下弦月与上弦月刚好相反。因此,总结起来,月相的规律就是:满月通宵可见,新月整日不见。上上上,西西 D;下下下,东东 C。

这种把月相图举起来,想象把它挂到天上的模拟观察的效果,比看三球仪演示或者视频录像都要好,且符合具身认知理论。因为月相形状的月变化和月相位置的日变化,实际上是由地球上的观测者与太阳、月亮相对位置的变化造成的。而在看三球仪或视频录像时,学生并不位于月相观测者的位置,而是置身在局外,看到的是另一番景象。要把这“另一番景象”转化成实际的月相观察结果,需要一个转换的环节。对多数学生来说,这个转换环节是存在一定困难的。

至于一个整月通宵观察月相,对学生来说,既不可能,也不必要。通过以上的模拟观察,弄懂了状况,则只要选择某些时间加以验证就行了。这种验证性观察才属于理论指导下的既有效率又有效益的实践,而非不知究竟的盲目、低效的实践。笔者以为,这样的观察才体现教学的价值和地理实践力培养的价值。

三、知识境域化——地震带教学案例

这个案例是笔者听说的一节公开课,后来又在江晔教授的文章中看到了详细的介绍和分析①。世界地震主要分布在环太平洋和地中海—喜马拉雅带,这是一个事实性知识。但直接地向学生呈现这个事实,它就成了死板的、僵化的知识。开课教师的创新是把有记录的世界大地震按时间顺序动态地叠加显示在地图上,由此动态地生成世界地震分布图,从而给学生以深刻的印象。更重要的是,这让学生明白世界地震分布图及地震带的概念原来是这样得来的。

江晔教授把这称为“知识境域化”,即让知识以最初发现的境域方式存在,与其被发现、被研究的特定情境相关联,由此显得鲜活、生动、立体、感性。笔者认为,“知识境域化”最大的好处是它非常生动地启示学生:知识来源于实践。多数时候我们都在书上、网上找问题的答案,是前人把在实践中获得的知识整理、记录在书上、网上的结果。但知识的源头一定是在现实的情境中,在人们的实践中。因此,从根本上讲,面对问题时,应该在实践中去寻找答案。

地理学科中不少精致的理论、模型,看上去是理论推演的结果,实际是来自观察、调查和实验,是对由此获得的资料整理研究的结果,归纳推理在其中起着很重要的作用。比如,课堂上我们一般用热力环流去推导行星风带,然后用贸易风、马纬度、咆哮西风等来佐证。实际的情况可能正相反,是先有了贸易风、马纬度、咆哮西风的发现,才研究提出了行星风带模型。

---

① 江晔.参与中学地理学科中青年教师教学评优活动的感想[J].地理教学,2009(5).

那么，能不能按“知识境域化”的思路来教授行星风带呢？笔者觉得完全可以。先给出大航海时代发现信风带、西风带、马纬度等材料，由于风总是从气压高处吹向气压低处，因此，赤道低压、副热带高压等就可以顺理成章地推导出来。明确了地球上风带、气压带的存在，再去探究其成因，对其给出合乎逻辑的解释，正好提供探究性学习的机会。

“知识境域化”对地理实践力的培养意义重大。因为，意志品质既来源于实践中枯燥繁琐的工作和困难挫折的磨炼，也来源于坚定的信仰和发自内心的兴趣与渴望。如果学生接受的永远是来自书本的现成结论，而对这些系统性知识的来源和曲折发展历程一无所知，那他们当然就不可能有全身心投入实践，到实践中寻求新知识、获得新发现的意志品质和兴趣。

同样，行动能力一方面依赖于个体的活动经历与经验积累，另一方面也依赖于个体的学科素养，依赖于从相关历史演进中获得的经验启迪。这些都只有在境域化的知识学习中才能充分地体验和领悟。

四、角色扮演——行星风带教学案例

角色扮演可实现虚拟的实践，常为课堂所用。但笔者不太主张扮演人物，特别是总统、官员、老板一类。因为在地理事件中，相关人物的表现是多因素复杂作用的结果，学生实际很难真正理解和准确把握这些人物。对于地理原理，相关人物的言行可能是扭曲地反映，其复杂性经常超出学科范畴和学生理解能力。简化地处理又容易流于脸谱化、抽象化，扮其形而难以呈现其真心，还不如没有。比较可行、有效的是非人物扮演，特别是演示一些难以直接观察的物质运动。

如行星风带教学中，我按照“零、三、六、九”的顺序，让教室中间一列的学生扮演赤道低压带的空气，其左右各列依次类推，分别扮演南北半球的其他气压带。然后请学生考虑，赤道附近因太阳高度角大，获得太阳辐射多，大气温度高。温度高会怎么样呢？按照热力环流，高温气流升、上升气流散，赤道附近的空气受热上升，然后向南北扩散。于是，赤道低压带就形成了。

考虑地转偏向力，散向南北的空气并不能去到寒冷的极地，而是在副热带地区堆积,于是,副高形成了;在副高与赤道低压之间,空气由高压流向低压,于是信风形成了……

在这些学生的扮演行动中,包含着推理与判断,学生获得基于实际地理空间感的真切的物质运动体验。此时再绘制或呈现示意图,学生会自发地将立体空间中的感知向平面图转换,由此可以更好地理解行星风带的形成与分布。

在设计时,笔者曾担心这样的扮演活动会不会太幼稚,学生会不会有抵触情绪;课后看教学录像,却发现学生饶有兴致、非常轻松,效果相当不错。

这样的角色扮演可以形成一个系列。如教师在讲台上扮演太阳直射点移动,行星风带会怎么样?受行星风带及其移动影响,大陆西岸不同纬度带的气候会怎么样?如果把教室设想为海洋,学生的角色从空气改为海水、改为海中的漂流瓶,又将怎样?

以上的情境化角色扮演活动同样符合具身认知理论,学生的身体与大脑一起在情境中活动,只不过情境是虚拟的。它不但有助于地理实践力培养,还能让学生形成全球性的模拟运动体验,从而更透彻地理解全球性的大气、海水运动;还能促成学生地理空间思维系统的构建,并有助于提升学生的区域认知、综合思维等核心素养。

五、一点引申——君子善假于物

实际的观察、调查、实验当然是地理发现、地理认知的基础,但包括地理在内的现代科学发展早已使我们超越了"眼见为实"的境界。举个简单的例子,太平洋的浩瀚不可能仅仅是肉眼所见的结果,而必然是地理研究、地理学习的结果。因此雨果说,比大地更广阔的是海洋,比海洋更广阔的是天空,比天空更广阔的是人的心灵。我国古代的荀子则说,君子善假于物也。

其实,在现代社会,不论是社会生产活动还是科学研究活动,对相关资料、信息的搜集、整理、分析及研究都占有相当大的比重。这些活动同样是实践的组成部分,也同样需要并体现着意志品质和行动能力。如今,地理课堂中普遍的基于真实情景的各种问题讨论,正是对它们的模拟,因此,又何尝不是一种地理实践(至少算模拟性的地理实践),又何尝不体现地理实践力的培养呢?

以此观之,地理实践力的培养的确是常态课堂的应有之义,非常值得我们去多多地花心思、下力气。

第六节　备学生应着重考虑的几个“点”

传统的地理教学侧重于知识传授,教学主要关注的是知识点(也有应试教育环境下的“考点”一说);对课堂教学的评价主要就看是否突出重点,是否分解突破难点,是否全面落实了知识点。这些我们都耳熟能详。

努力通过课堂教学提升学生的整体学力,要为学生的终身学习与发展奠定良好的基础,要落实地理核心素养的培养。这就大大丰富和深化了地理课堂教学的内涵。由此,在课堂教学的操作层面上“备课要备知识,更要备学生”,“课堂教学要以教师为主导同时体现学生的主体地位”就顺理成章地提了出来。那么,怎样备学生?备什么?课堂中起“主导”作用的教师怎样“导”?怎样才能体现学生的主体地位从而实现上述的教育目标?根据对新的课程标准的理解,结合在实际教学中的体会,笔者认为应着重考虑以下几个关键点。

一、联系实际寻找学生的兴奋点

就最基本的教学机理来说,课堂中各种内容的呈现都是刺激。但不同的内容或反映同一内容的不同材料,以及相同材料但不同的结构和次序引起的效果往往有天壤之别。这里所谓的兴奋点,就指那些能让学生精神为之一振,注意力顿时高度集中,思维与情绪骤然活跃起来的内容呈现。就学生来说,他们正处于生理、心理的发育成长期,他们的情绪易激动、不稳定。对于按部就班的基础知识学习,他们的兴趣、注意力和积极性都难以长期地保持。而紧密联系生活实际、社会实际、科学发展实际的事件却能强烈地吸引学生,使他们学习的兴奋度大大提高。

按照新的教育理念的要求,教学必须要让学生成为课堂的主体,必须让学生主动地参与到课堂中。为此,教师就必须充分地关注学生,理解学生，努力发现学生的兴奋点，巧妙地在课堂中引入和运用学生的兴奋点。联系实际在教学内容中寻找、把握兴奋点应成为教师备课时的一条重要思路。这里强调兴奋点，会使课堂有别于以前专注于知识点的课堂，却更有益于学生的知识建构。如“太阳系的组成”一节，就内容而言，火星不过是八大行星之一，但它是人类目前太空探索的热点，有关火星探索的情况天然就是兴奋点。比如“天问号”“祝融号”“毅力号”一类热点话题，学生的兴致可谓一点就着。教师再稍加点拨：人类为什么重点探索火星？它是离地球最近的行星吗？它与地球存在哪些相似性？地球何以是唯一有生命的天体？……通过一番热烈的议论、质疑、交流，教学内容便尽在其中且令人印象深刻，正所谓“不求之，反得之”。而学生在知识点之外收获了诸如对太空探索的兴趣与热望，对地球、生命油然而生的热爱、珍视、尊重……这就非单纯追求知识目标的传统教学可比了。

就一堂课的内容而言，教学应该努力发现其中相对最能令学生兴奋的点。同时，我们更应该认识到当今是新媒体大发展，信息传播空前便捷的信息时代。全国及世界各地每天发生的重大事件都能迅速地传播开来，强烈地吸引人们的注意，引起人们的兴奋，当然就更能让中学生们津津乐道了。如果地理教学中能够引入这样的兴奋点，学生的兴趣和积极性将极大地调动起来，主动地参与到课堂中来。每天众多的媒体信息中蕴涵着丰富的地理元素，只要教师时时、事事带着地理眼光，善于发现，善于利用，地理课就能时上时新，就能自然而然地吸引住学生，使他们饶有趣味地参与，积极主动地学习。

还需要指出的是，促进学生对世界、环境、社会中发生的重大事件的认识与理解，这本身就是地理教学的任务，地理课堂就应该对那些重大事件积极地作出反应。

二、结合学生知识基础、智力水平发掘并培育学生的思维点

思维是人智力活动的重要方面，思维训练则是地理课堂教学的重要内容。要为学生的终身学习奠基，提高学生的整体学力，培养学生良好的思维品质，就必须在课堂中让学生得到尽可能多、尽可能好的积极的思维训练。

但传统地理教学以灌输知识为主要目的,教师授课以直白平铺的讲述为主,学生学习以机械记忆和习题操练为主。这显然不符合时代的潮流,不符合新教育理念的要求,难以达成培养学生核心素养的目标。转变教育观念,地理课堂应该在教学中努力发掘、培育学生的思维点,并把围绕思维点的发展作为师生课堂活动的重点。这里所谓的思维点就是能够引起学生思考,具有较高思维价值、较大思维发展空间的问题和内容。这样的"点"在师生的交互活动中能够贯穿成为知识学习的主干脉络,并扩展及整个知识体系网络,在学生对知识的融会贯通中起到关键的支撑作用。

思维点能够引起思维,需要思维。既然需要思维,当然是隐含在知识的一般叙述之中,因而有待教师的发掘与培育,而非直观可见的、外露的存在。这种发掘与培育有赖于教师高度的专业知识素养,更需要准确地把握学生的知识基础与智力水平加以灵活处置。

在以前对地球内部圈层结构的教学中,笔者就抓住"地震波速度与地球内部圈层构造"这个复合图作为思维点做足文章,通过由表及里、由浅入深的一系列问题引导学生观察、思考、推断。

<table>
<tr><th colspan="2">圈层名称</th><th>不连续面</th><th>深度</th><th rowspan="6">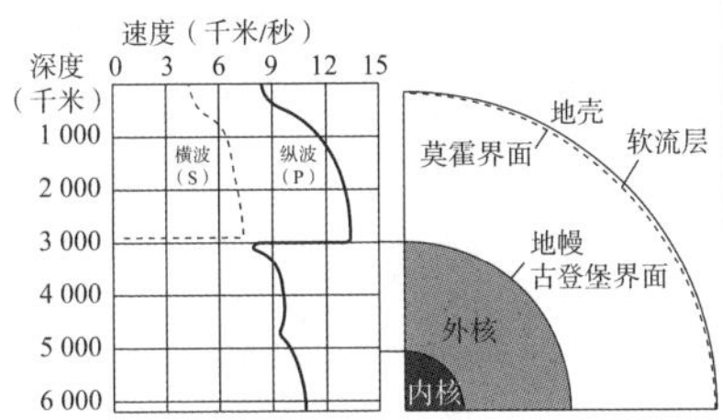</th></tr>
<tr><td colspan="2">地壳</td><td rowspan="2">莫霍界面</td><td>平均 17 千米,陆地 33 千米</td></tr>
<tr><td rowspan="2">地幔</td><td>上地幔</td><td rowspan="2">介于莫霍界面和古登堡界面之间</td></tr>
<tr><td>下地幔</td><td rowspan="3">古登堡界面 2900 千米</td></tr>
<tr><td rowspan="2">地核</td><td>外核</td><td rowspan="2">2900 千米至地心里</td></tr>
<tr><td>内核</td></tr>
</table>

图 2.7　地震波速度与地球内部圈层构造示意图

（1）此图可分三部分,请问怎么分?

（2）该图左边部分是什么？右边部分是什么？中间一部分又是什么？

（3）在中间部分的坐标上，地下约2900千米的地方地震波速度有何变化？

对此，需要学生将数学中的坐标知识迁移到地理课堂中进行分析、判断、陈述。对这些问题的探究还能进一步引入到“不连续面”和地球内部圈层的划分，并造成顿悟的效果。哦，地壳、地幔、地核原来是这么分的——那些本来仅仅“知其然”的内容，现在可是“知其所以然”了。

（4）地球内部分三层，大家以前就知道。现在要将三层分为六层，怎么分？

（5）以上六层中哪个是唯一的接近液态的圈层？为什么？

（6）请大家再仔细观察，图上那条虚线代表什么？（软流层）。

这样，结合读图观察活动，通过思维点的发掘与培育，各部分看似零散的内容就贯通为有机的整体。更重要的是，学生的知识不再是通过接受教师的机械灌输而获得，而是在其既有基础上通过自己的质疑、探究、发现、交流、整合而发现并建构为体系。

关注地理课堂中的思维点，最重要的是立足学生知识基础、智力水平对有关认知矛盾、认知冲突的发现，对认知规律（学生认知过程特点）的把握。对于具体的问题，我们不必太在乎学生思维的结果一定要多么正确，回答要如何标准，关键是要让学生调动起他们的全部意识乃至潜意识积极、自由地思考与发挥。同时，教师要灵活地进行启发和引导，有针对性地进行一些纠正和说明，适时地进行一些补充和归纳。这样学生的思维才会充分地活动、活跃起来，并在不断的试错与挫折中收获经验，收获成功，收获信心，进而形成良好的思维品质。

三、把握学生的情感状态营造动情点

情感是人格组成的重要方面，情感活动是人的精神活动的重要内容。地理课堂应该说具备相当丰富的情感元素。但传统的地理教学相对忽略情感，仅仅将其视为某种简单的、附加的、辅助的因素。实际上，地理教育情意领域的目标非常丰富，极为重要，情感、态度和价值观紧密地联系并融合为一个整体。就内涵而论，情感也不仅仅指学习兴趣、学习热情、学习动机，还包括内心体验、情操陶冶。还有研究指出，情感、态度与价值观可谓是课程的终极目标，因为如果没有情意因素参与，学习活动就既不能发生也不能维持。

对此，笔者深有体会。实际上，课堂上如果能让学生情为之动，是一件非常美妙的事情。当然，这也是一件相当不易的事情，需要教师花大力气去精心地营造氛围，组织内容，从而成功地设置动情点。它需要我们在适当的地理知识内容中去提炼、渗透、赋予、点化；更要求我们把握好学生的情绪情感状态，去巧妙铺垫，适时渲染，精彩演绎；或春风化雨、润物无声，或百转千折、荡气回肠，或澎湃汹涌、催人奋进……

如在“上海——世界航运中心”项目化拓展课中，笔者就围绕“上海是否能成为世界航运中心”这个最具张力、最能触动学生心弦的点展开。在分析有利条件时，就让人感到上海必然会是航运中心（激发学生对家乡上海的热爱之情、自豪之情）；而在讲不利条件时，又让人感到上海其实仍有不小的差距（许多不利因素、来自国外国内的种种挑战与竞争），渲染出紧迫感、艰巨性；再由此，让学生进一步了解国家为建设上海航运中心的大手笔举措，了解上海人民在兄弟省市的协作下为建设航运中心所作的巨大努力和面临的艰巨任务，再引导他们将视野投向火热的建设工地、投向殚精竭虑的运筹帷幄。这样一来，学生对上海更深沉的热爱、自豪之情和更切实的责任感，以及对建设者发自肺腑的崇拜感就油然而生了。相比单纯的知识讲解，这课堂的效果尤其是情感效果，真是让人感到有天壤之别。经此一课，学生们对航运中心不但有了深刻全面的理性认知，对上海及其航运中心建设更有了自然、持久、深沉的关切和热爱。

四、不拘一格放飞想象点，触发创新点

就我们所处的时代而言，知识经济对创新精神、创新能力的需求可谓迫切而无穷尽。与此相应，教育对学生创新能力及与之密切联系的想象力的培养就受到了空前的重视。但按照心理科学相关研究的说法，人们对于创造的本质与过程仍然还只是一知半解，因为它是人类心理活动的高级过程，相当复杂，难以进行精确的科学分析，也难以做实验研究。的

确，想象活动多少还能进行一些激发、引导，创新就只能说可遇而不可求了。

话虽如此，但并不意味着我们对创新能力的培养完全无可作为。教学经验告诉我们，地理课堂在适当的时候会有一些内容或者问题：它们能使学生浮想联翩，将他们的思绪引向全新的未知的地方。此时，学生的思维就呈现出积极的创新的倾向。我们就应该暂且放下别的“重要事情”，而尽量让学生的想象自由地飞翔起来，陪伴他们探究下去，让他们形形色色的新奇想法不断地涌现出来。因为这正是他们的创新思维灵光闪现的时刻，正是他们的创造能力得以表现的时刻。

如现在讲到月球时，一般会提到我国的“嫦娥工程”，如果学生表现出兴趣，教师就不妨点拨一下：假如某一天你要到月球上去，你将怎样去？（飞船飞行问题）到了月球上，你会怎样生活？（适应月球环境的问题）还有哪些问题应该考虑？你现在应该做些什么？可以做些什么？……

按照传统的看法，这样的“想象、创新”根本没有什么实际价值。就那些具体内容来说，或许的确毫无价值；但就学生的过程体验与思维尝试而言，它们却又是非常宝贵的。对于在课堂上起主导作用的教师而言，如果能够充分地认识其价值，就会热情地鼓励学生放飞思维，畅所欲言，并由此让学生体会到创新的愉快和宝贵，认识到自己无限的创造潜力。与此相反，传统教育往往过分执着于既定的教学计划，容不下学生肆意偏离既定的课堂教学“轨道”，因此必然排斥想象和创新（俗谓“滑边了”）。而立足新的教育理念，课堂应该不拘一格地热情对待学生的自主思维活动，并特别重视通过恰当的教学设计放飞想象，触发创新。“会学比学会更重要”现已成为教育界广泛接受的观点，同样，“创造、发现”比学习现成知识也重要得多。这正是立足素养，面向未来的教育真谛。作为教师，在对待课堂、对待学生时，特别不能怕麻烦甚至恐慌。在与学生的交流中，教师也在不断学习、提高，由此教师便真正成为学生学习的合作者、参与者。

五、努力创造并有效实施交流点、合作点

善于交流与合作是现代社会对人的重要而基本的要求。为满足这种要求，教师在地理课堂中应该努力创造并有效实施交流点、合作点，以培

养学生的合作精神与交流能力。分组讨论问题、开展活动是常用的方法。但我们以前的注意力多放在对有关结果的评价，对学生的交流与合作情况并没有特别的关注，布置的题目也多属于集中思维，指向唯一正确的答案。其实，着眼于学生的交流能力与合作精神，我们应尽可能地布置发散性思维的问题和任务，并允许学生个性倾向的充分表现，从而为过程性、表现性评价提供可能。

教师还应该特别重视小组的组织工作与组织结构。在活动后评价成果的同时，还应该特别重视评价小组对成员的量才使用，各成员的配合及成员间关系的协调与组织；还可以让小组（也可以是班级整体）每位成员对小组情况进行总结，对别人的观点与作用进行评价，对自己的观点和作用进行反思。现在，新的课程标准中增加了许多活动课的内容，利用得好，它们就是创造并实施交流点、合作点的有效载体。只要教师充分意识到学生间交流合作的必要性与重要性，刻意并巧妙地进行安排与设置，就一定能够为学生间的交流与合作提供丰富的机会，并通过丰富多样的交流与合作使学生个体间、个体与群体间的交流、协调与合作水平大大提高。

随着新课标、新教材的实施启用，新的教育理念逐渐深入人心。现在的关键是，如何在课堂教学中将新课标的精神实际地贯彻，有效地体现出来。转变教育观念不是一句空话，更不是自欺欺人地把应试教育的那套做法用新名词、新概念包装一番。“双新”落实其实没有现成的模式，也没有现成的坦途。它需要一线教师深入地学习，并将理论学习与教学实践紧密地结合起来。在这种积极的学习与实践中，在对社会发展与学生成长全面的关注中孜孜以求地追求符合时代要求的理想的地理教育。

以上所谓的“点”，当然是套用知识点的提法。在某种意义上，我们应尽可能地把知识本身作为教育的素材和载体，而更加注重上述的“点”，才能真正体现课堂中教师的主导作用与学生的主体地位，才能实现地理课程全面的育人目标，落实核心素养的培养。在这样的课堂里，我们不必顾虑会忽视某些知识点，因为这样的课堂只会更有效率；重要的是，如果我们能像对待“知识点”“考试点”一样牢牢地抓住上述的点，落实上述的点，实现上述的点，则我们就能够创造一种活跃的、令人耳目一新的地理课堂。唯有这样的课堂，才能回应社会和时代对地理教育的要求，才能最大限度地有益于学生素养的发展。

第七节 项目化学习的尝试与思考

一、对项目化学习的认识

项目化学习(project-based learning，缩写为 PBL)源于美国实用主义哲学家、教育家杜威“做中学”的教育理念。简单说，就是通过实际地做一个项目来实现学习。据相关介绍，这种学习在美国被中小学普遍采用。“游泳”当然是要在游泳中才能学会，但流域开发一类知识也指望在“开发”中去学会，这就太为难中学教育了。可见，“做中学”的“做”也不能完全狭义、机械地理解。

上海教育科学研究院的夏雪梅博士在《项目化学习设计》(以下简称《设计》)一书中给出了学习素养视角下项目化学习的定义：学生在一段时间内对于学科或跨学科有关的驱动性问题进行深入持续的探索，在调动所有知识、能力、品质等创造性地解决新问题、形成公开成果中，形成对核心知识和学习历程的深刻理解，能够在新情境中进行迁移①。根据夏博士的阐述，PBL 中的“P”可以是 project(项目)，也可以是 problem(问题)，还可以是 product(产品)等。因此，上述定义中的“问题”可作广义理解。但在高中地理教学中，师生们面对的主要还是各种狭义的问题，项目和产品并不多见。

在 2017 年版高中地理课程标准的实施建议中，“问题式教学”也是唯一单列并进行阐述和推介的教学方式②。将课标中有关“问题式教学”的要求与《设计》中项目化学习的特点进行对比，可以发现，它们都以学生的素养为目标指向，都强调真实情景下的驱动性问题，都强调核心知识的

① 夏雪梅.项目化学习设计：学习素养视角下的国际与本土实践[S].北京：教育科学出版社，2018：10.

② 中华人民共和国教育部.普通高中地理课程标准(2017 年版)[S].北京：人民教育出版社，2018：32.

再建构等，相通之处很多。而在另一方面，如《设计》中所言，在我国，项目化学习主要出现在低年级，而很少出现在高中阶段教学中。这是为什么呢？相比低年级，高中阶段学生的素养基础、教学的素养要求不是理所应当更高吗？项目化学习这种高阶的学习方式怎么反倒难以施行呢？

对此，人们多归咎于高中教学有巨大的应试压力。但问题是，现行的包括高考在内的考试考核的难道不是素养？为了高考，师生们难道还是在死记硬背、机械操练，而完全没有开展以素养为指向的学习？对此，至少命题专家们不能同意，这也不符合我国教育发展、教学改革的实际。

依笔者的认知，许多项目化学习的要素其实已经可观地存在于高中地理教学中，虽然其表现形式与典型的项目化学习似乎相距尚远，甚或大异其趣。对照《设计》中外国教育界对项目化学习的描述，这种“相距尚远，大异其趣”的表现主要有：我们通常是班级教学，不怎么分小组；课堂中学生多面对共同的问题而不是对项目有“发言权及选择权”；课堂多以问题的解决为成果，而不产生“公开展示的成果”。如果不把这三方面作为本质性的差异，不把它们作为项目化学习的必备要件，则项目化学习实际就不是那么遥不可及的。下面试以笔者“话说长江”一课的尝试为例来说明。

二、“话说长江”课例

1983 年，央视播出纪录片《话说长江》，反响空前；二十年后的 2003 年，播出了《再说长江》；2019 年，长江流域十二省市联合制作播出了《长江之恋》。作为我国的第一大河，作为世界最重要的内河经济带，长江与长江经济带历来为地理课堂所关注。如何引导学生更好地认识长江、更深入地理解国家的长江经济带发展战略？受项目化学习的启发，笔者设计了“话说长江”一课。

为了表现本课的主题意涵，课堂给学生准备了如下情景材料：

长江毫无疑问是我国的第一大河，但与世界其他著名河流相比，长江的情况如何呢？

论长度，长江名列第三，次于尼罗河与亚马孙河；论径流量，长江次于亚马孙河与刚果河，也名列第三；论流域面积，长江已排在十名之外，甚至小于黑龙江。世界上流域面积排名前三的是亚马孙河、刚果河与密西西比河。论水能,刚果河的理论蕴藏量达3.9亿千瓦,居世界首位,长江是2.68亿千瓦,居第二。从人文地理角度看,长江流域的人口总量约4亿。这远超过以上提到的其他河流,但又远少于南亚的恒河流域,那里居住着约7亿人口。

表1 世界主要河流比较

河流名称	长度(千米)	流域面积(万平方千米)	年径流总量(立方千米)
尼罗河	6671	287	84
亚马孙河	6440	705	6600
长江	6387	180	962
密西西比河	6020	327	580

长江真正居于世界首位且意义重大的指标是它的货物运输量。据相关资料显示,早在2005年,长江干线货运量就已排名世界第一。2016年,其货运量较2005年时又增长2倍多,超过23亿吨,沿江的亿吨大港多达14个。货运量排在长江之后居第二、第三位的分别是美国的密西西比河、欧洲的莱茵河。

这些材料都是事实性材料。当然,材料的组织本身已体现了比较法这个地理学习的基本方法;其中还隐含着为长江寻找世界第一的竞争意识——它比较符合中学生的心理特点。材料最后落在"货运量第一"这个焦点,这当然是大有深意的。

基于以上材料,笔者组织了三组探究性问题。第一组主要关于自然地理:

1. 流域的形态大小主要由什么因素决定?长江流域的面积能扩大吗?

2. 河流的径流量(流域水资源量)受哪些因素影响?河流的水能蕴藏量呢?

这些问题都是基于材料中描述的事实来引导学生探究事实背后的原因,知其然更知其所以然。问题1显然是针对长江流域面积小,在世界河流中排在十名之后这个认知冲突的，本身具有新奇性、趣味性，涉及的则是河流发育与水系形成的影响因素问题，具有较高的专业性和思辨价值。

问题 2 的综合性与专业性更强，也更重要。其分析要综合运用有关的气候图、地形图、流域图等进行对比与分析。这种全球视野下的对比分析，对于提升学生的综合思维与区域认知能力具有很高价值，当然也具有很大的挑战性。

第二组问题将探究视角逐渐从自然地理转向人文地理：

1. 综合而言，你认为世界大河中跟长江最具有可比性的河流是哪一条？说明选择理由。

2. 长江货运量排名成为世界第一的原因有哪些？从中可解读出哪些信息？

前述电视纪录片都是就长江而说长江，本课的设计则是在与世界大河的比较中来说长江，而且不是简单比较，而是综合性比较、分析性比较。比较能发现给人印象深刻的差异性，如亚马孙河径流量是长江的约 7 倍，长江的流量又是尼罗河的十余倍——尽管它们的长度差异并不显著，这就使得对差异原因的探究更有趣味性和吸引力了。

本组的问题 1 则更进一步，在认识差异性的基础上，再回头寻找它们的相似性。显然，这个问题能使相关的比较分析进入更高、更深的层次。这也是一个开放性的问题，可以基于不同理由有不同的选择。有的学生从人口稠密、季风气候等角度选择恒河；有的学生则从主要流经温带、亚热带，流域内社会经济较为发达的角度选择密西西比河。总之，以上立足真实情景的、具有驱动性的问题，引导学生将学过的地理知识、地理方法、地理技能串联起来，逐渐进入融会贯通的境界，并由此实现学科核心知识的新体现、再建构，使学生对相关内容的认识、理解跃升进入新的层次。

问题 2“煞费苦心”地找到长江排名世界第一的指标。这个“第一”当然很不寻常，而且也就是近些年的事，并不是历来如此、天然如此。其原因主要包括水运相对其他运输方式具有非常显著的优势；长江具有得天独厚的水运条件（黄金水道）；我国近年来经济快速发展，制造业在世界产业链中的地位日益突出等。当然，这也就意味着长江流域的资源开发、产业发展、环境负担等也已达到相当高的程度（课堂中可辅之以案例资料做具体说明）。

由此，顺势转入第三组问题探究：

1. 在长江经济带发展规划中，习近平总书记提出要“共抓大保护，不搞大开发”，对此应如何理解？

2. 列举“共抓大保护”的具体措施并加以说明。

这两个问题涉及人地协调观和地理实践力。当然，如果仅满足于抄录或说出现成的结论，那是空泛而简单的，并不具备太大的学习价值，也不会给学生留下较深刻的印象。深度学习、项目化学习不能止步于此。认真、具体地探究起来，这些问题其实是比较复杂的。为此，课堂为学生准备了如下参考资料：

“共抓大保护、不搞大开发”是习近平总书记为长江经济带发展定下的总基调、大前提。长江是中华民族的母亲河。新中国成立以来，特别是改革开放以来，长江流域经济社会迅猛发展，综合实力快速提升，是我国经济重心所在、活力所在。然而，长期粗放式发展让长江不堪重负。为此，必须从中华民族长远利益考虑，把修复长江生态环境摆在压倒性位置。（据江苏网 2020 年 11 月 12 日）

24 日中午，习近平主席考察了位于宜昌长江岸边的兴发集团新材料产业园。兴发集团是全国最大的精细磷化工企业。集团园区内，原来临江建设的生产设施和码头已经搬迁和拆除，腾出岸线 950 米，退让用地 800 多亩，并完成全面绿化。习主席说，我强调长江经济带建设要共抓大保护、不搞大开发，不是说不要大的发展，而是首先立个规矩，把长江生态修复放在首位，保护好中华民族的母亲河，不能搞破坏性开发。通过立规矩，倒逼产业转型升级，在坚持生态保护的前提下，发展适合的产业，实现科学发展、有序发展、高质量发展。（据央广网 2018 年 4 月 25 日）

长江经济带的生态环境问题主要有三个方面：一是水环境和大气环境污染严重；二是长江干支流和湖泊水生态显著退化；三是一些重大工程造成江河湖泊关系不和谐并影响生态环境。为此，有关专家建议：1.将长江水生态环境保护摆在头等重要位置，率先实行水质目标管理制度；2.形成开发集约化与生态自然开敞化的国土空间开发保护格局；3.持续实施长江经济带绿色生态保障工程；4.打破部门、地方分割，实施流域综合管理。（据《中国科学院院刊》2020 年第 8 期）

三、对课例的几点思考

把以上课例与《设计》中学习素养视角下项目化学习的定义进行比较，从三个主要的方面看，课例是符合项目化学习要求的。

第一，在一段时间内对与学科有关的驱动性问题进行深入持续的探索。《设计》中项目化学习所需要的“一段时间”显然不是一节课，而是一个相当长的时期。但高中课时紧凑，学习相对紧张。怎么办呢？上述课例是提前把材料（包括主题意涵、探究性问题、参考资料）印发给学生，并要求学生初步地完成问题。从学生提交的回答来看，当然是水平参差、问题多多——有经验的教师对此不难想象。课堂上要做的则是交流、展示、讨论、引导、启发、矫正，当然还要针对性地提供更丰富的材料。虽然架构上类似习题与讲评，但关键是围绕驱动性问题真正地开展深入而持续的探究；学生由此形成萦绕心头、挥之不去的问题，并可引起他们对相关问题的长期关注、持续探究。

第二，调动所有知识、能力、品质等创造性地解决新问题，形成公开成果。如上所述，虽然课例并不指向可展示的公开成果而仅限于问题探究，但它的视角很独特，提出的问题让人感觉耳目一新，涉及的学科知识与能力则极为广泛、综合而深刻，因此其对学生学习品质与创造性就提出了较高的要求。当然，这也使得这类课更适合在新课结束后的综合复习阶段进行。复习课在高中教学中占据相当大的比重，其地位与作用也非常突出，只不过多呈现为广受诟病的习题操练与讲评。其实，它们与项目化学习并没有天壤之别，而是具有不少相通之处。经过适当的改造，习题操练课完全可以转化为项目化学习。

第三，形成对核心知识和学习历程的深刻理解，能够在新情境中进行迁移。如上所述，由于问题的新颖性、震撼性、现实性与冲击力，同时，在问题的探究解决中对地理核心知识运用又具有很好的契合性、发展性、综合性与实践性（与现实问题紧密结合），因而此过程的学习必然会使学生形成对相应核心知识和学习探究历程的深刻理解，也有助于学生在新情景中的迁移应用。

四、几个值得探讨的问题

项目化学习是一种高阶学习。《设计》中的表述是：项目化学习指向高阶思维能力，同时用高阶学习带动、包裹低阶学习。它认为，学生在面对驱动性问题时，在与各种材料和文本的互动中可自发地进行低阶学习，由此形成所需要的知识网络和技能准备。但依笔者的经验和观察，所谓的低阶学习其实并不能完全由高阶学习所带动和包裹；而且，很多时候低阶学习是高阶学习必不可少的基础，除非学生本身的学习素养很高。对于多数学生而言，学科中的重要概念、重要原理还是很有必要通过“低阶”的基础性学习来达成“知道、识记和理解”。以前述课例来说，如果学生根本没有学过高中地理，对水循环、水运特点、流域开发等毫无基础、毫无概念，则面对那些材料和问题只能是茫茫然一头雾水，很难进一步思考、分析、探究、解决。

现行项目化学习案例为什么主要出现在低年级？主要的原因就是，低年级学生面对的问题相对简单而不太需要专门的知识。孩子们凭借着一些“通识”，对情境材料能在阅读中有所理解，面对的问题则比较有意思、需要一些奇思妙想，于是成果就出来了。当然，如果是层次较高、学生能力很强的高中阶段，以项目化学习来带动、包裹低阶学习大概是可行的，但对于多数普通高中而言，基础性的新课学习阶段似乎还是难以跨越。至于在基础性的新课学习中也启用项目化学习，效率和效益可能并不高。

如上所述，高中地理复习阶段有众多的习题练讲课，它们看上去与项目化学习很不相同，但在运用真实情景，设计驱动性、挑战性、创新性的“不良结构”的问题方面是有相通之处的。只不过，项目化学习的系列问题多构成逻辑关系清晰的问题链，与情景材料整合起来看，有主题、有中心，构成一个整体性的项目；而地理试卷中的题目（指综合分析题），出于对知识与素养多方面考核的需要，其材料往往是拼盘式的，不那么具有明确的主题；它基于材料提出的多个问题可能并不具有逻辑关系，仅仅是组合在一起。

既然它们具有众多相通、相同之处，将“应试”转换过来，逐步地发展、进步，使具有相当分量的高中地理复习课发展为高阶的项目化学习，其实是大有可为的。通常，许多教师都会在复习阶段进行主题性、单元式教学设计，并搜集整理为之服务的练习题，可以视为初步的转换。循此路径，可发展为以“主题”为对象的项目化学习。笔者前述的课例则属于“问题类”项目化学习，是基于适当的情境材料和问题而形成的，其设计比主题类项目化学习当然要复杂一些，创新性也更多一些。

第八节　研学旅行——我的体验与认识

“读万卷书、行万里路”是我国求学的优良传统。检视那些流传至今的文化瑰宝，有许多正是游记散文或旅途中写下的山水诗、怀古诗，其中不少收录在中小学课本中而为大家所熟悉。

历史上文人们的旅行当然不同于今天所讲的“研学旅行”，他们由旅行而形成的文化产品也不同于今天所讲的“研学旅行成果”。但不可否认的是，二者相通、相似的地方却也不少。

首先，它们都是学习后的成果，即旅行之前、之中及之后都得“读万卷书”。无知识、无文化、无眼光的旅行者是不可能形成文化产品的。所不同的是，古人的视野中没有现代学科知识及相应的思想、方法与技能，他们不像今天的人们经历了许多现代学科的学习。其次，学习必须与“行路”结合，即要旅行，去往自己居住、熟悉的环境之外的地方。所不同的是，相比古代，现代的交通、信息和旅游服务业都异常发达，使得我们旅行的便捷程度非古人可想象，也就使得当今旅行的过程大大简化，而其目的达成的快捷性大为提高。

《研学旅行课程标准》中列出的研学旅行成果表达形式有诗歌、图画、照片、模型、实物、录音、录像、网页、报告、论文等[①]，远较古人们丰富多样。除开这些形式的不同，就内容而言，古人的成果主要是综合性、精神性的文化产品。而研学旅行的内容要求则有许多是分学科、分专业的，

① 段玉山，袁书琪等.研学旅行课程标准.地理教学，2019(6).

许多是单纯关于客观世界而不一定涉及人们的精神世界的。笔者认为，学科的、专业性的研学成果当然值得鼓励和追求，但作为一项“综合性的实践活动”，对于多数普通学生而言，不那么专业，而是体现多学科的综合性的成果，综合地表达人们基于客观世界的主观精神感受的成果似乎也值得关注，或者更值得关注。

“研学旅行课程”的开设使地理教师面临新的机遇和任务；但要做老师，必须先做学生。为此，作为一名地理教师，笔者很想尝试一下自己能够在旅行中研学些什么。虽然有着地理学科背景，但笔者更愿意从普通人、普通学生的综合性素养的角度来尝试。利用暑期学校组织教工赴云南腾冲疗休养的机会，笔者尝试的结果是写出了几首纪行诗，试介绍分析如下。

一、参观腾冲地质奇观

地火奔突造空山，盈江堰塞漂浮毯。
热泉汩汩涌不休，神柱凝在万年前。

严格地说这是“诗”，很容易惹来非议和麻烦；退一步，当它是打油诗、顺口溜大概没问题。其实，据语文界的朋友说，好的打油诗、顺口溜其实也不容易，也有其价值，甚至也有艺术价值颇高的。具体看，这四句首先是很凝练地概括了腾冲的四种地质奇观，并简洁而具体地说明了它们的成因。其次，四种奇观的成因是有共同性的，即都是地下岩浆活动、地球内能释放的结果，这使得它们能形成一个整体，也就使这四句能连贯起来成为一首“诗”了。最后，形成四种奇观的地质活动有一定的时间尺度、跨度和序列，这便使“诗”有了某种“活性”，似乎有了活的生命、活的灵魂。

旅游景点往往以“奇观、奇景”为招牌，一般的旅游者也多盲目地以猎奇为目标。“奇”及对奇的感受、体验当然有其价值，但作为“研学者”，更值得追求“奇”的透彻认知与合理解释。即如腾冲著名的大空山、小空山，作为拔地而起的没“头”的山，作为在山顶深凹下去的山，它们是“奇”的；但作为火山遗迹而言则不但不奇，反而是极为典型和标准的。垂直柱状节理显著的神柱谷火山岩也是如此。北海湿地是火山喷发的岩浆堰塞大盈江形成的湖泊，也是很正常的现象。其“浮毯”形式的湿地景观的确很是奇特，但其成因在景区介绍中已经有比较清楚的解说。对此，多数人是可以明白并接受的，由此，他们的好奇心也就得到了满足。至于更深入、详细的生物学、生态学方面的研学价值，那就是专门的爱好者、钻研者所关心的事情了。热海景区的温泉真是热气腾腾、越阻越冲、气象万千，温泉的形成应该是在一定地质条件下，地下水循环与地热向上传导的结果，但笔者在景区没有看到这方面具体的介绍说明。对此，当时笔者很困惑：这些热水从哪里来？是怎么变热的？为什么在这里喷涌出来？

作为一名中学地理教师，尽管许多时候感觉自己在学科专业方面“学艺不精”，面对现实情境经常遇到许多说不太明白的“为什么”，但显然，古人是写不出笔者上面凑出的这四句的，因为这是现代科学、现代教育发展的结果。即便是徐霞客，其记述更真切、更具体，但对这些景观整体的科学的认识却是必须站在现代科学这个巨人的肩膀上的。古人有他们的视野、智慧与趣味，由此而生成的许多文化产品成为我们今天宝贵的财富；现代人的视野则已经有了很大的不同，由此使得现代人旅行生活的趣味相比古人也出现很大的差异。因此，盲目地模仿古人是不行的，我们有自己富于学科素养的视野，应该写出属于我们的、属于当代的趣味。

在叠水河瀑布，林木葱郁、河谷幽深，那摄人心魄的视听效果、无限滋润的水汽，确实让人有如入仙境之感。在这样的景观体验中（这也是包含在研学旅行中的重要方面），笔者记述为：

来看叠水河！林深谷幽响彻天，吸口清气赛神仙。

就这里的体验感受而言，不存在古人所缺乏的重要认知；但浏览当地的众多题刻——如著名的龙光台长联，可以发现，古代文人们的体验感与当今游客的体验感实际上也差异显著。事实上，只有那些特别优秀的、能够持续地引起后代人们共鸣的作品才能够流传下来，黄沙淘尽，最终成为传世的文化瑰宝。

二、谒腾冲国殇墓园

渡怒江兮望高黎，取险道兮逐强敌。攻江苴兮下龙川，兵势合兮来凤山。武士道兮东亚梦，日之丸兮君之代。甲午溃兮溃接连，苦相持兮转进难。合纵破兮连横变，盟终结兮美利坚。复聚力兮极边地，重得望兮腾越城。困兽斗兮势森然，云梯接兮尽枉然。玉可碎兮城何惜，墙终破兮接巷战。尸填街兮血满垣，山川眩兮一抵三。博惨胜兮身遭难，祀英灵兮小团山。警钟鸣兮年复年，埋倭冢兮不得还。丝路兴兮远客来，告英灵兮长安息！

就许多同行的感觉来说，这个离“地理”好像有点远。为此，笔者特地将诗中的地名、地物加了下划线。细究起来，这之中至少有三个方面涉及地理。首先，是有关腾冲战役的军事地理。当时，中国远征军第20集团军较为顺利地渡过险要的怒江——因为准备充分，渡江的时机大概也比较出敌意料。随后，为避开守敌，我军从险要小路上攀高黎贡山，在南、北斋公房、马面关、界头、瓦甸、江苴等地沿龙川江一路自北向南与敌激战，经数月而迫近并包围腾冲城及近郊的来凤山。后经约50天的激烈搏战，我军在付出重大牺牲后终于获得腾冲战役的惨烈胜利。由于对大比例尺地图的保密管理，普通的旅行者要弄清上述具体过程与情形并不容易。其次，是视角更为宏观的政治地理。诸如日本帝国主义的“大东亚共荣圈”迷梦，我国自近代以来的地缘政治环境，腾冲战役之时的军事、政治地缘形势等。须知，不了解这些客观背景就不可能真正地认识腾冲战役的原因和意义，那种沉重深郁的“国殇之情”便无由抒发。再次，是地名地物在诗中的文化与象征。腾冲被称为我国的“极边第一城”，“一部散落边地的汉书”。这些都有必要详细地从地理区位的角度去认识和把握。而作为抗战中通过军事反攻光复的第一座县城，发生在“极边之地”一座叫“腾冲（腾越）”的城市。当时的中国、中华民族被逼到了墙角，而在这墙角处的反击以惨烈重大牺牲为代价终获胜利，国家、民族终于有了“腾越”的希望与可能。这么一想，那些地名可就不仅仅是指代地方的名字了。

就《研学旅行课程标准》的内容要求而言，“国殇墓园”属于历史遗迹。这首诗的主体当然也是关于腾冲战役这个历史事件的。但围绕这个中心事件，诗中往前回溯到了日本军国主义的兴起与发展、甲午战争，及之后我国一系列的屈辱史和艰难抗争史。往后则述及笔者当时当地在国殇墓园的拜谒，及国家民族振兴的标志性事件——“丝路”的重新繁荣与兴盛。这样一来，腾冲、腾冲战役及国殇墓园就被妥帖地安置在了历史演进的因果序列中,再也不是孤立的、一般性的事件与地物了。人们常说“史地不分家”,为什么历史地理难以分家呢？笔者以为,一个国家、一个民族的历史未尝不可以看作国家、民族这一地理实体的时间发展与演化,而时间演化过程不正是地理视域下的应有之义吗？

当然,总体看,笔者写出来的是一首诗,是一部文学作品(水平高低、成功与否另论),应该直属于“大学科”语文。但这又有什么关系呢？一方面,地理教学中引用、借助文学作品来授课是为大家所认可的惯常的事情;另一方面,离开史地方面的具体认知,国殇之情、爱国之情的语文创作也无由发生,旅行研学的综合性实践活动也无由开展。试想,如果没有对相关地势地物的认知、没有对相关历史脉络的梳理,那在腾冲又去研究学习什么呢？研学者身临国殇墓园又能弄得出什么样的成果呢？即便是古代的文人——他们虽然未经分学科的科学学习与训练,但读他们那些成功的咏怀古迹作品,其对地理、历史要素的把握可都是经得起检验的。反之,没有相应的扎实的认知基底,空泛地堆砌词语的东西是不可能成功的。

一个地理教师不写考察报告,而是搞出这样的“文学作品”,这是不务正业吗？笔者也曾为此惶恐过。但检视我们的课程标准,其总要求是“立德树人”四个字。细思之,其相当重要的部分是立足在对学生主观的精神人格的塑造,即情感、态度、价值观等。而各学科,即便是地理这门横跨人文、自然的学科,其主要的功能还是聚焦于对客观世界的理性认知。即使是面对人文现象,它在本质上强调的也是客观的、理性的、科学的认知。这对于“立人”来说,当然是必要而重要的;但对于人们的主观的精神世界,即对于“情感、态度、价值观”及审美倾向、审美趣味一类呢？在这种塑造学生主观精神世界的任务中,直接言说的效果很小,需要的感染、熏陶、共鸣,好像只能通过“文艺作品”等来完成。我们的地理课堂某种程度也达成了情感、态度方面的目标,那多数是因为我们自觉或不自觉地在课堂中引入了文艺方面的元素,是因为我们在客观世界投射了我们主观的情绪和感受并感染了学生。实际上,不论是具体的个人还是社会整体,他们一定都是综合性的,其客观认知世界与主观精神世界确乎是并行的、交融于一体的。

三、游“中国第一魅力名镇”和顺

其（一）

魅和顺，平畴万顷地！溪流宛转绕芳甸，方塘处处柳依依，荷动起涟漪。

其（二）

魅和顺，书香竟富集。丝路通达走夷方，国势颓唐思周易，学者艾思奇！

腾冲战役的惨烈使其古城的风貌荡然无存，其附近的和顺古镇倒是完整地保留着古风古貌。在一次社会评比中，它荣获“中国第一魅力名镇”的称号。和顺古镇是在山丘上，镇子前的一马平川确实当得起民国元老李根源先生赞誉的“绝胜小苏杭”。上面的第一首诗写它的田园风光（不是纯粹的自然风光），的确是平地万顷，溪流婉转、方塘处处、杨柳依依、风起荷动，给人感觉绝胜江南。于此，笔者突然想到，如果说水是西北发展的限制性因素，则在地势崎岖的横断山区，平整的地形就是限制性因素了。腾冲何以成为极边之城、丝路要冲？为什么会发生惨烈的腾冲战役？正因为它是远离中原的横断山区的一块难得的平坝之地，从而自然成为人口相对密集的城市，成为交通线上的重要节点。

第二首诗写和顺的人文意义。该镇的和顺图书馆据说是中国最大的乡村图书馆之一，馆藏丰富，馆藏了许多近现代名家题字。这里被誉为“一部散落边地的汉书”，我感觉“汉书”在这“边地”其实并非散落，而是在此得到了非常有质量的传承和发扬。和顺镇现有6000多居民，而侨居海外的和顺人多达12000多——当地人将出国从事经贸活动称为“走夷方”。

腾冲虽“边”“小”，却名人辈出，其中最令人感佩的是哲学家艾思奇。这位哲学家被毛泽东赞为“学者、战士，真诚的人”。其主要著作《大众哲学》《哲学与生活》及主编的《辩证唯物主义与历史唯物主义》等影响可谓深远而巨大。据镇上艾思奇纪念馆介绍，蒋介石父子都很看重《大众哲学》。蒋介石在台湾总结失败教训时曾不止一次地说，“我们和共产党的较量，不仅是军事力量的失败，也是人心上的失败。比如共产党有艾思奇的《大众哲学》……"蒋介石高级顾问、曾任"国防部"政工干校系主任的马璧先生从台湾回大陆后感慨良多,曾题诗赞道:"一卷书雄百万兵,攻心为上胜攻城。蒋军一败如山倒,哲学犹输仰令名。"

如前面"仿《国殇》"所述,腾冲战役虽然最终胜利,但的的确确收获的是"惨胜",整个的过程与代价是的的确确的"国之殇"。它反映出当时国民政府在军事、政治、经济、文化、技术等方面整体水平的落后与组织低效。

如果把以上这些事件联系起来看,将其看作历史的合理发展,正反映了知识的力量、文化的力量、真理的力量。这种力量的激发释放包括了中国著名的学者艾思奇的哲学贡献,正反映了腾冲和腾冲人的内涵与价值。

如此一来,前述笔者的几首旅行诗似乎就前后贯通,融合起来成为一个综合性的整体了。这个综合性的整体是个"文艺范",但地理出现在它应该出现的地方,发挥着它应该发挥的作用,历史出现在它应该出现的地方、发挥着它应该发挥的作用……简洁、明了,情理交融,耐嚼有味。以此作为腾冲旅行这综合性实践活动中有所学习、有所研思的成果。那么,显然地,"立德树人"在其中了。

第三章 “歌诀法教学”研究与应用

语言法是最基本、最常用的教学方法；记忆则是教学中最基本、最初级的问题。在一般人的印象中，它们是类似“1+1=2”的初级、简单问题，围绕它们还有什么值得研究的呢？笔者在长期教学实践中编制积累了成系列的地理歌诀，并逐步将其发展成为很具有“减负”效果的课堂内容表达形式和教学手段；与此相伴，“歌诀法教学”也成为笔者的教学底色和独特风格。

本章所谓“歌诀法教学”绝不是简单地指向知识记忆，更不是指向知识的死板、生硬记忆。许多歌诀其实是经由课堂教学活动而形成的知识合成体，它们简洁地表达出知识的结构与关联，内含程序智慧，形成结构体系。一诀在口，是好比孙大圣一样的精灵，充满着变化与活力，足堪迁移与运用。由此，教学效率和教学效益都能获得显著提高。

第一节 “歌诀法教学”研究综述

教学活动中,“缩略法”“歌诀式”记忆其实是一种常见的方法,即把相对复杂、冗长的识记材料编撰成简略而有韵味的歌诀以方便记忆。在教育文化普及比较有限的年代,民间流传的这类歌诀是比较丰富而多样的。较为普遍的看法是,如果编制的歌诀语言精练、句式整齐、简洁明了,读起来语音和谐、节奏鲜明、顿挫有致、朗朗上口,就能有效地吸引学习者的注意,激发起学习者的兴趣并有效地提高记忆效率。

一、“歌诀法教学”研究现状

有关地理学科“歌诀(口诀)法教学”的研究情况怎么样呢?在“中国优秀硕士学位论文全文数据库”以关键词“口诀”并“地理”搜索的文献资料居然是0篇;改以“歌诀”并“地理”搜索的文献资料有2篇,但它们却并不是关于中学地理教学的。在“中国基础教育期刊全文数据库”以关键词“口诀”并“地理”搜索的文献资料为38篇,改以“歌诀”并“地理”搜索的文献资料有27篇。

这样的结果与实际的情况是符合的,“口诀法”或“歌诀法”教学在正规、正式的学术研究中并不受重视,没有什么地位,可以说基本上是被漠视,甚而被无视的。但在一线教师的教学经验总结与教学方法讨论中,有关“歌诀(口诀)法”教学的文献还是有一定数量的。

这方面,江苏省滨海县第一初级中学姚广标老师的表述比较有代表性。他在《巧用地理口诀,突破教学难点》一文中给出“口诀法”教学的定义是:教师运用语言,形象地概括各种地理现象、地理数据、地理特征、地理规律,以达到教学效果最优化的一种教学方法。该文认为,运用口诀进行地理教学,既符合心理学原理,又符合初中生的记忆特征,可以把广泛而繁杂的教学内容系统化、条理化、概括化,把需要学生掌握的知识集中起来进行教学……地理口诀有形象性、概括性、韵律性等特征,朗朗上口,内容有趣,学生易记。①

① 姚广标.巧用地理口诀,突破教学难点[J].地理教学,2011(13).

与地理“歌诀(口诀)法”教学相关的数十篇文献资料大致可分为以下几类。

第一类是介绍一些单纯为记忆地名等地理事物而编制的口诀。如为了记住我国的省级行政区、我国的邻国,记住我国的重要矿产地等。随着中学地理教学中这类较为死板的知识地位下降或知识本身过时,这样的口诀已逐渐成为过时的或边缘化的资料了。

第二类是作为学习方法、教学手段而对地理“歌诀(口诀)”的使用经验介绍或教学探讨。主要观点认为:口诀用于教学总结可提升教学效果,口诀归纳方便学生记忆,口诀运用可活跃课堂气氛等。

以上这两类文献中举出的“歌诀(口诀)”编制比较简单、生硬,多用简单的“谐音”法,给人的印象是质量不太高,实际作用也有限。这些文章本身的理论性、学术性都不太强,思考也欠深刻。

第三类是探讨诗歌、谚语、歌诀等在地理教学中的运用,这类文献占据的比例较大。如曲自新在《诗歌、谚语、歌诀在地理教学中的运用》一文中认为,地理教学中适当运用诗词、谚语、歌诀,可激发学生的学习兴趣,有较好的语言效果和语言感染力,可活跃课堂气氛。特别是一些古诗词,既有诗的意境,又对地理现象、原理有形象化的表现,可以帮助学生理解教材,巩固知识,增强记忆,还可提高学生的综合素质。秦公瑾在《念歌诀,学地理》一文中介绍,在学习地理的时候,念一些脍炙人口的诗歌,可使某些枯燥的知识一下子生动起来,可提高学生的学习兴趣,使教学的效果更好,记住就不会忘记。比如《长江》一课,唱《长江之歌》“你从雪山走来,春潮是你的风采,你向东海奔去,惊涛是你的气概……”于是,长江的源头和入海口就清楚了。又如,毛泽东《水调歌头・游泳》中“更立西江石壁,截断巫山云雨,高峡出平湖”的句子,也形象地描述了长江三峡水利工程的特点。

以上这些属于借用诗词或歌词,因这些诗词并非源自地理科学,也并非专为地理教学服务,其科学性、专业性都有不足。它们有一些辅助教学的效果,但其本身并不属于本课题所要讨论的范畴。

第四类是探讨某些“歌诀(口诀)”在解决地理问题时的效果。这类文献的学术性较强,对本课题来说也比较重要。兰州市西固区兰炼第二中学的常小刚老师在《巧用口诀记规律　快速解决地理题》中，就高中地理学习中常见的问题进行了口诀法的梳理和概括。他认为这些口诀可以帮助高中学生更好地掌握地理规律，提高答题技巧，节省答题时间。比如有关地球公转运动的口诀“一近快，七远慢”，有关月相判断的口诀“上上西西，下下东东”，有关等高线判读的口诀“凸高为低，凸低为高”等，共计有20余条。其中有些不太好理解，相关的解说也不清楚。但在中学地理教学中，其中的多条歌诀是流传较广的、常用的。

鱼建英老师在《辅助线法在弯曲等值线图中的运用》一文中认为，弯曲等值线数值大小的判断，既是高三地理教学的重点和难点，又是高考中的高频率考点，更是学生理解和掌握运用的难点。鉴于此，地理教师在日常教学中为了让学生能掌握好这个重点和难点，总结了大量有利于学生机械记忆的口诀。他认为，机械的记忆口诀固然可以让学生做对题，得到理想的分数，但这些机械的口诀却让学生失去了探索弯曲等值线理性规律的机会。因此，鱼老师主张，在教学中应追根溯源，可用辅助线法让学生探索弯曲等值线的理性规律，由此培养文科生的理科思维和方法。① 可见，鱼老师是反对运用口诀，或者说是不满足于运用口诀来解答地理题目的。这对本课题的启示在于，对于口诀一类，一定要让学生知其然更要知其所以然，机械的死记硬背的口诀确实可能弊大于利。

浙江温岭新河中学的林霞、李彩林老师在《慎用地理口诀，回归地理原理》一文中则认为，地理口诀会增加学生的记忆负担，死记口诀则可能导致学生解题时生搬硬套，相似的口诀还容易使学生在解题时发生混淆而出错。反之，如果真正理解了地理原理，解题时自然就能灵活运用，就能省去许多繁琐的所谓“口诀”，更能达到立竿见影、出奇制胜的效果。简言之，即口诀易混淆，含义难理解、难记住，还不如不用口诀。作者所主张的做法是：分析原理，总结规律；事例体验，问题感受；动手动脑，突破“瓶颈”；相关联系，感悟迁移等。② 由此可见，该文对“歌诀(口诀)”基本是否定的看法。实事求是地说，该文是相关文献中最具学术性的一篇，其

① 鱼建英.辅助线法在弯曲等值线图中的运用[J].地理教学，2010(20).

② 林霞，李彩林.慎用地理口诀，回归地理原理[J].地理教学，2014(7).

所举的例题也较为复杂,较有深度和难度。该文从反面给了笔者极重要、极有益的提示,即“歌诀(口诀)法”教学必须较好地解决其所提到的问题和弊端,必须基于严谨、深入而具有实效的教学设计。虽然该文观点与笔者是对立的,但该文具有很高的参考价值。

总体而言,地理教学中“歌诀(口诀)”运用的案例、总结散见于许多教学经验介绍中,零星的局部的歌诀运用虽不乏其例,但在学科教学中较有规模、系统性地编制、运用歌诀及开展相关研究则并无先例。其他学科的情况也类似;在国外,这方面的资料介绍也未曾见到。

二、对相关情况的评价与反思

有关“歌诀法”教学研究的上述现状在一定程度上是可以理解的。因为现代科学具有严密的理性逻辑,其表述运用的是严谨的科学语言,其概念一般都有专门的界定,每门学科的内容则自成为一个严谨的体系。而“歌诀”一般是生活化的、直观的、感性的,采用的多是通用词汇。在汉语歌诀中,许多时候是用一个“字”来代表词。当然,这相对于拼音文字中用完全没有具体含义的“首字母”来代表一个单词,又似乎是进了一步。

问题在于,现在的中学教育是面向大众的,是基础性的国民素质教育。为学科发展服务,为学生未来的学科研究打基础仅是其较为有限的功能。绝大多数的中学生未来并不是要成为地理学者和地理专家,而仅仅是成为具有一定地理学科素养的合格公民。为此,专业性的学科素养应该是融合在普遍、通用的公民文化素养之中,成为其有机的组成部分。为达成这样的融合,地理教学研究中还提出过反对“学科中心”和“知识本位”的问题。

因此,从语言词汇及文本表达的角度来说,在地理教学中运用歌诀,将学科知识通俗化,将学科的核心概念、核心内容概括为一种辅助学习的“歌诀式”文本,这并不存在“雷区”,至少它是可以尝试并值得尝试的。特别地,如果这种尝试有利于提高学习的效率,有利于提升学习的质量,有利于地理核心素养的养成;进一步,如果这样做的结果能促进学科内容、学科概念、学科思想在通用语言中、在普罗大众的文化积淀中广泛而准确地呈现,则它就具有更深远的意义。

三、对“歌诀法教学”研究的设想

基于对前述“地理歌诀法教学”研究现状的认识与思考，笔者将从以下几个方面开展具有创新性的研究。

（一）深入钻研，精心打磨，提升歌诀的质量，并使之具有系统性

比如有关地球公转运动的歌诀，可改进为“一月初近快，七月初远慢”。这相对于“一近快，七远慢”显然内容更丰富，指向性也更强，理解起来不至于太抽象和枯燥。这个歌诀字数虽略多，但记忆起来其实更容易。又比如有关等高线弯曲处地形的判读，歌诀可改进为“凸高为谷有河流，凸低为脊分水岭”，相比“凸高为低，凸低为高”，更能明确地指向具体的地表形态，因而也就不太容易出现混淆的情况。总之，对于生硬、抽象、易混淆的歌诀要么进行改造，要么舍弃而代之以新的歌诀。

说到底，“歌诀”不过是学科教学内容的表达形式，而形式是为内容服务的。另外，内容的表达当然应该追求最合理、最有效的形式。这种合理与有效一方面要考虑学科内容本身，另一方面也要考虑学生的接受情况。正是基于这样的观念，我们拟围绕高中地理教学进行系统性的歌诀编制。因为是系统性的工作，所以在编制中，我们将努力保证每条“歌诀”如同“定理”一样具有明确的含义、适用范围，甚至能够被严格地证明。如关于海洋等温线的歌诀“低温凸低纬，高温凸高纬，凸向即流向”就是这样。

（二）尝试将“歌诀”融入教学的全过程，甚而将其置于教学的中心

比如对“海陆间水循环”的过程和环节，剥离各种复杂的表象，水循环的实质可编成歌诀“汽从天上走，水往低处流”。对于“汽从天上走”，对应的水循环环节是“日晒海水蒸发多”的蒸发，以及“海风劲吹汽输送”的水汽输送。至于“水往低处流”，这实际上是水在陆地上的总规律，降水、地表径流、下渗、地下径流等环节都是如此。只不过水流动的快慢还受到多种复杂因素的影响而已。相应地，湖泊水、沼泽水，包括海洋水等水体的存在则是“水在低处留”，即水在地势低处停留的结果。

在我们初步尝试的一些案例中，以上这类对歌诀的运用已具有较普遍的意义。当然，所有这些案例丝毫不排斥其他教学方法和教学主张；“歌诀法教学”的实际意思，不过是强调地理学科的核心素养、地理学科的核心内容可以有“歌诀”式的文字表达；而一旦其形成“歌诀”式的文字表达，这种“歌诀”就好比课堂教学的结晶体、合成体，因而可贯穿教学的全过程，甚而居于课堂教学的中心。“歌诀”只是教学内容、教学丰富内涵的表达形式。而这些地理教学的内涵，依然是在多样的教学方法和全部的教学过程共同作用之下得以传授的，作为结晶的“歌诀”与它们不冲突、不排斥，仅仅是更精致地呈现。

（三）面向全体学生，以“歌诀法教学”提高教学效率，减轻学业负担

如前所述，正统的学术界对歌诀、口诀并不太重视；教学一线的教师有所实践、有所总结，但这些实践和总结的质量参差不齐，总体水平不高。其中，还有不少教师觉得歌诀是多此一举，甚至还有可能弄巧成拙的。进一步的分析可以发现，对学习程度、学习质量要求不太高的初中地理教学对“歌诀”更有积极性，而对“歌诀”持不以为然甚至反对态度的则主要为高中教师。客观地说，对于参加高考的学生来说，如果对基础知识已经非常熟悉，对相应的原理规律理解得已经非常深刻，则“歌诀”的有无的确不是很重要，在大学，甚至高中都还属于精英教育的年代，尤其是如此。

但现在是高中和大学教育进入普及化、大众化的年代，同时，也是教育还要进一步发展的年代。这样造成的附带结果就是，对相当部分不是那么“精英”的学生来说，学习内容多了，学习要求高了，他们感觉负担重、压力大。正是基于这样的情形，“歌诀”显示出其必要性和重要性，也必将显示其活跃的生命力。当然，前提是我们编制的“歌诀”必须要有质量，既有严谨的科学性、准确性，又真正地记起来省力，用起来顺手，而且还有助于地理核心素养及学科教学目标高质量、高效率地达成。

（四）促进某些地理歌诀向通用语言词汇演化

成功的学科教学应该轻松、自然地把学科知识转化为国民的常识，把复杂、抽象的学科原理转化为社会认知的常理。而要实现上述的转化，最

轻松巧妙的途径就是让学科概念、学科术语融会于通用的社会语言中，使之成为大家的共同语言和概念，为大家常用而且觉得有趣味。当然，这同学科的专业性、严谨性存在一定矛盾，而缩略性的歌诀一定程度上可以解决这个矛盾。

举例来说，风成地貌一般存在于干旱区，反之，湿润区地貌的形成则以流水作用为主，因为流水作用相对于风力的作用是更加强大而普遍的。对此，用"水乏风呈威"来概括就非常恰当、形象而简洁。又如，大陆西岸从赤道到中高纬度的气候类型分布，用"雨草沙地温"来归纳就既符合规律，又极为凝练。这样的歌诀一旦为学生理解、接受、欣赏，学生便记忆深刻，成为他们终生的文化营养积淀。

第二节 "歌诀法教学"实例及其思考

大陆西岸气候类型的分布、特点及其成因是高中地理的重点内容，也是学生掌握起来较为困难的内容。这些内容的要点一般可归纳如下表3.1。

表 3.1 大陆西岸气候类型

纬度	0°—10°	10°—20°多	20°多—30°	30°—40°	40°—60°
类型	热带雨林	热带稀树草原	热带沙漠	地中海	温带海洋性
成因	终年受赤道低压控制	受赤道低压与内陆信风交替控制	受副高或内陆信风控制	受副高与西风带交替控制	终年受西风影响
特点	终年高温多雨	终年高温 干湿季交替	终年高温少雨	夏季高温少雨 冬季温和湿润	终年温和湿润

这部分内容很重要，学起来不容易，学生即便课上觉得听懂了，可是难以记住；因为难以准确、完整地记忆，反过来又加重了学习及巩固、掌握的困难，当然也就加大了考试中运用它们来解答相关问题的困难，从而成

为考试中经常失分的点。为了克服这些困难，笔者将之编成如下的歌诀来辅助学习：一二三四六，雨草沙地温；“草地”随季变，“雨沙温”持恒。

一、歌诀释义

“一二三四六”是指各气候类型分布的纬度范围。首先要明确，这里学习的是大陆西岸从赤道到高纬度地区的气候类型，歌诀其实是省略了零，即热带雨林气候分布的纬度范围大致是0°—10°，歌诀只取了“一”这个数字。其次，热带稀树草原气候分布的纬度范围是10°到20°多，歌诀中简化为“一二”，其他以此类推。

“雨草沙地温”是五种气候类型名称的简记，是在各气候类型的名称中选取一个关键的、易于区分的字拼合而成。在笔者的课堂教学实际中，先是为了简洁、顺口，把“热带雨林气候”叫作“热雨”，把“热带稀树草原气候”叫作“热草”，把“热带沙漠气候”叫作“热沙”。三者合并，把共同项“热”去掉，就成了“雨草沙”。而“温带海洋性气候”也是先叫成“温海”，再简化为“温”——因为这里明确是讨论大陆西岸的气候，所以这个“温”字一般不会误为温带季风气候或温带大陆性气候，这二者是分布在大陆东岸及大陆内部，不是分布在大陆西岸的。地中海气候的名称较为特殊，以其首字“地”来代表应该不会有歧义。

“草地”随季变，“雨沙温”持恒——这是指五种气候类型中的热带稀树草原气候和地中海气候是随季节不同而受不同气压带和风带交替控制的，这造成了它们降水方面的显著的季节变化——“随季变”；而其余三种气候类型终年是受比较单一的气压带或风带控制，其降水季节变化不大，是较为“持恒”的。其中，热带沙漠气候的成因似乎也有气压带、风带的交替影响，但结果都是干旱少雨，因此将它也归属于“持恒”，授课中对此需要做特别的说明。至于气温方面的特点，热带气候都是终年高温的——其实热带三种气候的气温表现也各个不同，这在气温与降水的月份分配图上看得很清楚，但它们在总体上都是终年高温的。地中海气候等中纬度地区气候的气温有较明显的季节变化，但“温海”又比较特殊。总体来说，各气候类型的气温是随纬度变化的，这也是口诀中“一二三四六”的应有之义。

二、地理教学方法论层面的思考

从地理教学方法论层面来思考，上述歌诀法教学显然应该归属为“以语言传递信息为主”的方法。但笔者却更想指出并强调其“以象征符号认知为主的教学方法”的属性[①]。因为在某种程度上，上述歌诀的表观、本质与作用其实都更像纲要信号法，只不过它的“纲要信号”是纯文字的、顺口溜、歌诀的形式。

传统、经典的纲要信号主要表现为图表式的（表3.1大概也可以算）。按照定义，这种图表是把教材中大段的需要记忆的内容概括成相对简明的信号图示。它以简单的（因而必然是抽象的、象征性的）符号，关键性的语言文字（因而必然是缩略的）和简洁的示意图来构成需要记忆内容的“纲要信号”。学生通过这种“纲要信号”来记忆并从而掌握学习内容[②]。对照这个定义，前述的歌诀虽然仅仅由文字构成，但它也是通过缩略的、关键性的、具代表性的、极少数的文字去记忆数倍甚至数十倍的教材中文字表述的内容，说它是一种“纲要”、一种“信号”显然是合理的、名副其实的。

这种歌诀从文字到文字，舍弃了符号和图示手段，外表上看似乎显得单调了、简单了，这好像是缺点，但其实是优点。因为这样一来，它与需要记忆掌握的内容之间的联系变得直接了，彼此之间就更容易相互转化，因而也就更好用了。实事求是地说，地理学科中好的纲要信号图表其实不多，其辅助记忆的作用也有限——对于许多图表来说，记忆、理解起来并不容易，有些甚至使得学习更麻烦，记忆更困难。许多类似于纲要信号图表的知识结构图、学科思维导图、概念图等，只有对知识及知识体系非常熟悉的教师、教学专家看起来才显得明白，主要应该是供教师作为教学研究之用的。对于大多数的普通高中生而言，即使是到了复习阶段，看那些图表也未必很明白。当然，更关键的是，这些图表不容易记忆。而对于理解掌握已经很深很透、能够自主画出这种图示的学生来说，他其实已经不再需要记忆这样的图式了。

---

① 陈澄.新编地理教学论[M].上海：华东师范大学出版社，2006：81.

② 陈澄.新编地理教学论[M].上海：华东师范大学出版社，2006：81.

而用上述的歌诀作为“大陆西岸气候”这节内容的总结，就十分简洁、明白。而且，特别重要的是，这样的歌诀就是课堂内容的缩略简化，记忆起来应该不会成为负担。因为歌诀中的每个字、每个词及由它们组成的歌诀整体都是彼此关联的，是可以建构出知识点、知识链和知识网络的。

在局限性方面，“纲要信号法”被认为一定程度上束缚了学生的思维，对于发挥学生的积极性、主动性不利，对于培养学生的自学能力、思维能力也有欠缺①。但在上述的歌诀中，笔者认为这样的局限性并不存在。原因是，人们在面对文字时，特别在面对自己非常熟悉的母语文字时（那种简短的歌诀完全可以要求学生熟读背诵，学生也很容易将其熟读背诵），不由自主地总是会去思考其意义的。在中文的语言体系中，“一二三四六，雨草沙地温”本身并无意义，但学生在背记中一定会去思考它的意义，它有什么意义呢？它在高中地理知识的体系中，作为地理知识的记忆歌诀就太有意义了——每个字都有意义，还能够牵引出一大串丰富并具有相当复杂性、深刻性的意义。当歌诀的理解出现问题的时候，也就是学生对所学内容印象淡化模糊的时候，学生自然会去查阅、去复习，去重新学习。这不就是思维吗？这不就体现了学习的积极性与主动性吗？这不就培养了学生的自学能力吗？的确，在文化的各种载体中，语言是最具开放性、系统性的，又是最有吸引力、引导力的。

当然，正如“纲要信号法”的关键是要设计出理想的纲要信号图表，歌诀法的关键也在于要编制出理想的歌诀。这方面，笔者的确颇有心得，颇有积淀。如关于行星风带，可简记为：“零三六九，低高低高；九六三零，干湿干湿。风由高到低，北右偏、南左偏。七月北移，一月南移。”又如，亚洲东部的气候类型分布，可简记为：“一二三五五，雨季季季针”——与西岸气候对比，在0°—10°都是热带雨林气候，但随后分布的纬度范围分别是10°—25°，25°—35°，35°—55°，即“二三五”三个数后面都是要加“五”这个数字而不是“零”了，分别对应着“热季、亚季、温季”这三种季风气候。纬度再高则是“针”，即亚寒带针叶林气候了。亚洲之外的大陆东岸

① 陈澄.新编地理教学论[M].上海：华东师范大学出版社，2006：84.

气候分布只需略做修改，变为“一二三五五，雨草湿大针”即可，其最末也是亚寒带针叶林气候。其实，在大陆西岸纬度大于60度处也是如此。因此，如果在有关气候分布的口诀后再缀上“针苔冰”三个字，分别代表高纬度的针叶林气候、苔原气候、冰原气候，则气候类型就基本都有了。好像还缺了什么？于是再补一句：“东岸西岸，内陆干旱”。于是中纬度的温带大陆性气候也在其中了，而且这一句也成了总体性的全球气候水平分布的总结。

三、地理教学语言工具层面的思考

众所周知，地理学有三代语言。[①] 其中，作为方兴未艾的信息化时代的产物，地理信息系统自然是发展迅速，前景广阔的；而作为地理学科独特的、最有特色的地图这个第二代语言，其地位显然也无法撼动，连带着，地理学科中花样繁多的非地图类图表也极受青睐。相比而言，对于“文字语言”，似乎大家就觉得没什么可说、没什么好说的了。

其实，“第某代语言”仅仅是个比喻性说法，而且教材上说的是“描述性的文字是地理学的第一代语言”。但是，显然，地理学中还有大量的“非描述性的文字”，比如论证性的、叙述性的文字，这些文字很多是后两种语言所无法取代的。以中学教材而言，无论如何发展、如何变迁，文字仍然是占据着最重要的地位的。这毫不奇怪，因为语言（此处及以下均指通常意义的文字语言，不包括引申意义上的那些“语言”）是人类交流沟通最主要、最重要的工具，因而当然也是地理教学最主要、最重要的工具。语言还是人类思维的最重要工具，是思维的外壳。

因此，尽管不新鲜、不热门，许多人感觉平淡无奇，但在经典的地理教学方法论介绍中，语言类依然是恒定地排在第一位的[②]。那么，语言类教学法还有没有值得努力、值得研究、值得开拓的事项呢？笔者觉得其中其实大有文章可做。

目前，我们地理教学通用的语言都是浅显明白的白话散文——当然，

---

① 白光润，江晔等.高级中学课本地理（第二册）［M］.上海：中国地图出版社，中华地图学社，2008：131.

② 陈澄.新编地理教学论［M］.上海：华东师范大学出版社，2006：72.

各学科都是这样,是国家法定的学科语言表达形式。但在人们的语言使用环境与习惯中,散文句法表达的内容总是不那么容易记忆,而排列规律的、有韵味的语句就要好记得多。为了快速、轻松并有趣味地记忆,人们总有把篇幅较长的散文变换成精炼的韵文的倾向和需求。在我国,有民间流传的众多谚语民谣为证,更有《三字经》《增广贤文》《幼学琼林》《声律启蒙》等历代教学普及读物为证。其实,不独中文环境下是如此,这也是世界各国的共性。如印度的佛教经典,在一段散文之后总有一段韵文的结束语,即汉语中一般翻译为五言四句的“偈”。按照施蛰存先生《唐诗百话》中的研究,在西方如古希腊,类似我国谣谚的“格言诗铭”一类韵文也是大量存在的。

显然,本文前述的歌诀就是地理学科中的“偈”“格言诗铭”“顺口溜”一类的东西。其编制形成的办法首先是要缩略,如用“雨”一个字就代表“热带雨林气候”,用“一二三四六”来代表西岸各气候类型分布的纬度范围。这种缩略的方法显然也是语言使用中的普遍现象。在英语等西方语言中,习惯于取单词的首字母来做代表,然后构成一些形式上的新词,如“APEC”“NASA”一类。在汉语中,则较多的是取词语的首字,如“东盟”“亚太”一类。但也有可能是取词语中更有代表性、更有区分性的那个字。用“雨”而不是“热”来代表“热带雨林气候”,显然就是因为“雨”更有代表性和区分性,因而是更加合适的。英文中的单个字母本身往往代表不了什么意义,这方面,中文中的单字可比英文的字母强多了——“雨”这个字把热带雨林气候的一大半特点表示出来了,其实,“草”“沙”又何尝不是这样呢?歌诀的编制是缩略,反过来,歌诀的解读就是还原之、丰富之、引申之了。在这个过程中,从前述“纲要信号法”的角度看,有更丰富、更确切含义的中文的“字”的作用比西文中的字母可真是强多了。

其次,歌诀的编制必须用上一些音韵及修辞方面的技巧。本文前述的那些歌诀看上去有点古诗、文言的样子,这倒并非刻意的追求,而是因为要成为押韵顺口的歌诀,就只能编成这个样子——这大概是由中文本身的特点决定的。句式上以五言的居多(其他三、四、六、七言的和长短组合搭配的也完全可以,只要顺口好记,表达贴切就行),统一的五言句子看上去和读起来自然就是整齐的，这时句与句之间必然要求一定的平仄对位，这样读起来才会顺口——押韵是更不用说的了。反之，如果字词胡乱组合，读起来生硬拗口，理解起来晦涩牵强，就构不成顺口溜、歌诀了，反而会成为学生学习中额外的负担和麻烦了，那就还不如没有。

对此，笔者想到三个问题。

一是这种歌诀中字词的排列、对仗以及“起承转合”不仅仅是形式或者修辞手法，它们其实都是反映着地理事物的组织、对比、因果等内在逻辑关系的，即“形式”本身是有意味的。零散的事物一经排列组织，规律就自在其间。“雨草沙地温”不就是西岸气候分布的规律吗？再配上“一二三四六”，已经是比较准确的分布规律描述了。再有，语句的对仗其实是事物间的对比，而一进行对比，事物的特点就显露出来了。就如“草地随季变，雨沙温持恒”，对这一句，如果读通了、理解了，学生能感悟到什么呢？学生自然而然地就意识到大陆西岸的气候是可以分为两组的，而这两组正是相反的对比关系，一组“随季变”，一组“持恒”。是什么“随季变”与“持恒”呢？稍微深究一下，相关的丰富、复杂、深刻的内容就尽在其中了，而表达及需要记忆的符号却如此简洁、和谐。正如大家经常体验到的，地理教学很多时候需要与其他学科融合，需要借助其他学科的概念与成果。其实，地理教学可借助的最大的力量源泉不是别的，正是语言本身。语言本身正是助力地理教学（其他许多学科亦然）高高飞翔的隐形的翅膀，特别是我们历史悠久、积淀深厚而又包容常新的中文。

第二个问题，笔者认为以古诗词为代表的经典中文表达形式应该在当代拥有新的生命力。回顾起来，“五四”新文化运动为什么要推广白话文？那是为了推行文化的平民化，是为了促进文化教育的普及。而当时我国的国情是什么呢？是百分之八九十的文盲率，是书面语言与大众口头语言的严重疏离，是书面语言严重阻碍科学文化知识向大众的传播。但时移事易，现在的情形显然与当时大不相同了，不仅是文盲率低到几乎可以忽略，而且我们国民的受教育年限已是相当可观了。这样一来，大家对于那种古典的、经典的中文表达形式已越来越熟悉、越来越有兴味了，而欣赏并使用之的障碍自然就越来越少了。

由此想到第三个问题，即现代地理科学与中文语言本身的关系。如前所述，地理学科的学习可以相当程度地借助中文固有的语言词汇的表现力，如地貌类型中的黄土、流水、风成、丹霞等，相当程度上望文生义所得到的印象与学科体系中的定义是大致不差的。又如白居易的《大林寺桃花》“人间四月芳菲尽，山寺桃花始盛开。长恨春归无觅处，不知转入此中来”，是说明山地气温垂直差异的极好事例，也是被地理课堂广泛采用的。另外，地理中的许多学科词汇也渐渐地进入了中文的通用词汇中，并且多被赋予学科之外的引申意义而得到更广泛应用，如板块、断层一类，这些都是语言自身自然演化的结果。地理教学中，我们往往强调学科的、专业的、科学表达的重要性。其实，就更上位的文化视域而言，通用的语言表达中如果拥有大量学科的、科学的印记，这显然正是国民科学素养提高的表现；而学科的、专业的表述中如果有许多通用的词汇可信手拈来并贴切地使用，不也正反映该语言本身的科学性、发展性与先进性吗？

于是，笔者想到，“雨草沙地温”能不能成为一个中文的固定词汇呢？爱因斯坦有句名言：教育就是忘记了在学校所学的一切之后剩下的东西。“雨草沙地温”以其重要性、常用性，以其高度凝练、简明的表达，以其音韵的和谐，能成为那“剩下的东西”吗？笔者觉得这是很有可能的。在学生离开地理课堂、离开学校之后，一旦遇到大陆西岸气候的问题，他们的头脑中应该马上蹦得出“雨草沙地温”来。曾经学过的东西都清清楚楚地浮现在脑海中，地理学科的核心内容、核心素养已融合在他们的文化积淀中。

再推演开去，如果学生由此学会了“雨草沙地温”一类的编制技巧、学习技巧、记忆技巧，由此学会了对于中文语言的灵活巧妙运用，并从中领悟、欣赏到中文的表现力，以及更广泛的中华文化的魅力，从而增强学习自信、文化自信、发展自信、进步自信，则“立德树人”的教育追求不就尽在其中了吗？

第三节　地理教学中“歌诀式”总结的尝试与思考

一、引言

在地理教学中，课堂总结好比画龙点睛的那一“点”，水到渠成的那一“成”，瓜熟蒂落的那一“落”，作用极为显著，地位极为重要。为着地理学科核心素养的真正落实，为着“立德树人”教育成效的切实达成，课堂教学中适时适度的总结不可或缺。就地理教学的三维目标来说，不论是知识与技能的理解掌握，还是过程与方法的体验实践，抑或情感、态度和价值观的熏陶养成，这些目标尽管有的属于显性，有的较为隐性，但在教学的终结处，教学的成果都应该体现在课堂教学的总结中。

就课堂教学的过程而言，教师设计了精彩的引入，设计了循循善诱、娓娓道来、一波三折、层层递进的精彩过程，但如果缺少了精彩的总结，则课堂教学的指向始终会显得模糊，课堂教学的内容还是容易表现为碎片化，课堂教学的风格也容易倾向于表演化、娱乐化。其结果，某种程度上就是：课上得热热闹闹，课后的收益则空空落落。于是，回头还得依赖“题海战术”，正所谓“花开堪折直须折，若待花落空折枝”。

对于刚从初中过来的高一学生而言，地理课堂教学中的总结更显得必要。按照上海地区的现行学制，从初一结束到高一，学生有两年地理学习的空窗期、断档期。进入高中，学生们却要经过一年的学习就参加学业水平考试，然后又是竞争激烈的高二学业等级考试。地理学科到底学什么？怎么学？要学成什么样？许多学生可能还在晕晕乎乎中，时间、机会就过去了。为此，如果课堂教学中多适时地进行简明的总结，以此让学生明确教学的结论和要求，则必能大大消除学生的迷茫感与盲目性，从而增强其学习的自觉性与主动性，收到事半功倍的效果。

传统上，作为教学过程中的必要一环，“总结”的要求一直是有的，在课堂中也是实际地存在的，但有关它的专门讨论似乎不多。依笔者有限的观察，多数的课堂教学总结是提纲式的。许多教师是伴随着教学进程逐步地板书出提纲，教学结束时则简要地作一个回顾，以此作为课堂教学的总结。以 PPT 课件作为载体的教学，则多在结尾处设计一张专门的提纲幻灯片来作为教学总结。近年来，知识结构图特别是思维导图形式的课堂总结，因其更全面、更深入反映知识的多点结构、复杂联系，也因其新颖性、复杂性，吸引了人们的注意并受到推崇。

需要注意的是，这些课堂总结多数仅仅是为教学过程在形式上的完整性而设计。它们让听课老师觉得课堂很完整，但对于课堂教学的主体学生而言，这些教学总结却未必有很实在的用处。因为作为课堂教学的结晶，以上这类教学总结的最大缺点是不太方便记忆，也不太能形成有效的记忆。实际上，多数授课教师也并不指望学生能当场记住这些总结性的内容及其表达形式，他们只是“总结”一下，让学生能在整体上理解、把握一下课堂内容，仅此而已。

教学中的过程体验、思维理解、方法技能当然是重要的，但对于多数学生而言，记忆其实也是很重要的，有时甚至是极为重要的。因为，如果对课堂教学的结晶、成果缺乏牢固而清晰的记忆，则在学生那里，一切终将逐渐地变得记忆模糊。想要使教学的成效入脑入心，进而逐渐地化为学生的精神与灵魂，实现“立德树人”的目标与追求，则必须在教学中努力地达成那种“牢固的、清晰无误的记忆”。

这个简单的道理大家其实是明白的，只不过，教师一般不怎么指望在课堂上能够达成之，而是无奈地将之留待学生在课后的背诵默写、题目练习中再去达成。能不能通过一种凝练、简明而又非常方便记忆的教学总结，在课堂教学的过程中就尽可能地达成上述的目标呢？如果能够，显然地，这就可以极大地提高课堂教学的效率和效益，从而全面提升地理教学的质量与效率，同时大大减轻学生的负担。

为达此目的，笔者在教学中逐渐创制了一套歌诀式的文本表述作为课堂教学总结。由于其凝练、简明，同时又押韵顺口，在有效地提升课堂教学总结的效率的同时，也对学生整体的地理学习产生了较为深刻而长远的影响。下面试以“中图版”教材“专题 7 地貌”的教学为例加以说明。

二、蚀运积复结，流喀海风黄——对“地貌”专题整体内容的总结

课本中地貌专题的篇幅是比较长的，其具体内容也很丰富，但主干的内容是五种地貌类型：流水地貌、喀斯特地貌、海岸地貌、风成地貌、黄土地貌。作为整个专题的总结，“流喀海风黄”五字依序一句尽述，学生则能够轻松地全部记住。这可不仅仅是文字游戏，有了这样的总结，“地貌”专题整体上讲什么？“流喀海风黄”五种地貌，何其简明清晰！从“应试”角度，当题目问某处属于什么地貌类型的时候，学生不至于茫然，不就是“流喀海风黄”中的某一种吗？

这五种地貌类型的划分、命名主要是根据形成它们的外力作用。当然，在地质世界中，所有的外力作用都是在内力作用所塑造的地表大格局的基础上起作用的，地貌实际上是在内外力共同作用下形成的。但外力作用却是在地貌形态的形成中起着最终的、最具直观性的雕琢与修饰的作用。因此，具体的地貌形态的命名主要还是根据外力作用的情况。

在专题6讲沉积岩时，笔者给出的总结是“蚀运积复结，页砂砾灰泥”。这说的是原先的岩石经过外力作用的风化侵蚀、搬运沉积，然后重新固结成岩，于是形成页岩、砂岩、砾岩、石灰岩、泥岩这些类型的沉积岩。在专题7中，笔者则将“蚀运积复结”与“流喀海风黄”组合在一起，用以归纳地貌的形成过程与类型。其中的“复结”指的是碎屑物质在重力作用下重新固结形成沉积岩，这发生在地下，与地表地貌的形成没有直接的关系。但“蚀运积”与地貌的关系可就大了——不论是流水作用还是风力作用，还是教材中略掉的冰川作用，各种外力作用的结果，都主要是形成侵蚀和堆积这两大类地貌。至于搬运，它是个动态的过程，因此没有“流水搬运地貌”“风力搬运地貌”一类的说法。

如此一来，在教学内容讲授之后，在学生理解的基础上，“蚀运积复结，流喀海风黄”这样一总结，好比把课堂内容进行了有效的打包与收纳安置，学生很容易就能记住，从而也就能真正有效地掌握它。教学中对记忆问题的探讨很容易让人觉得“老套”，甚至被认为是对“死记硬背”的回

归;当然,关注记忆、强调记忆也确实容易陷入简单、粗暴的“死记硬背”泥潭中。但笔者所制作的作为课堂教学总结的以上歌诀并不是死记硬背的。恰恰相反,它们必然是“活记活解”的。首先它是简明的、凝练的,因此是可以轻松地记住的,用不着“死记”;其次,显然,“流喀海风黄”这种表述不可能成为任何实际问题的回答、任何具体题目的答案,是会倒逼学生深入地理解其实际含义的;最后,它归纳指代了五种地貌类型,点出了它们主要是根据外力作用来划分,主要是通过侵蚀与堆积作用而形成,这的确是深刻的,抓住了地貌形成与分类的本质。这样总结性的口诀怎么可能是死记硬背呢?(在展示给学生的文本中,“蚀运积复结”中的“蚀、积”二字可以加点或画圈,以区别于其他三字)

三、水乏风逞威,蘑菇蚀柱沙土堆——对各类地貌类型特点、形成机理的总结

课堂教学总结应该不仅仅针对上述这种整体的框架性、结构性的知识内容,而是应该包括一切有价值、有需要的具体的知识内容。否则,就可能仅仅是形式上的总结,是实际用处与价值不大的总结。在“地貌”中,笔者对每一种具体地貌的特点及其形成机理都进行了相应的“歌诀式”总结。

对比、分析五种地貌的形成,笔者发现,除风成地貌外,其余四种其实主要都是水在起作用。为什么是这样呢?因为在地理环境中,虽然风的作用也是普遍存在的,但水的作用却是更加普遍、更加强大的。于是,风力的作用及其成效就只有在水比较缺乏的干旱环境中才凸显出来,而在较为湿润的环境中,它只能是配角,起次要的辅助作用。这层意思暗含在教材中,笔者则以“水乏风逞威”这句强烈对比的、拟人化的歌诀来刻画,从而给予学生生动、深刻的印象。后一句“蘑菇蚀柱沙土堆”则很容易令人记住风蚀蘑菇、风蚀柱等风蚀地貌,以及沙丘、黄土这些风力堆积地貌,它们都是“风逞威”——风力作用的结果。

流水地貌是最为直接由水的作用形成的地貌。对应河流的上游、中游、下游,流水的作用主要表现为侵蚀、搬运(侧蚀)、堆积,从而形成峡谷、曲流、冲积平原和三角洲等地貌形态。对此,笔者总结为:上游落差

大，侵蚀成峡谷；中游岸凹凸，侧蚀成曲流；下游水流缓，堆积三角洲。原因、作用及最后的结果、形态都在歌诀中了。需要说明的是，这里的重点是讨论教学总结这个环节，如何运用歌诀来进行课堂教学的总结，以使学生及时地形成、获得“牢固、清晰”的学习成果，并不涉及教学的其他环节。

喀斯特地貌是流水与可溶性岩石（主要是石灰岩）相结合的产物。与上述的流水地貌不同，此时，流水的侵蚀作用表现为化学溶蚀，堆积作用也表现为化学堆积，所形成的地貌形态则要丰富复杂得多。在有关的成因机理讲解与瑰丽多姿的图片欣赏之后，笔者给出的总结是：灰岩遇水“溶”，地表峰石盆；地下溶洞深，“水积”乳柱笋。这个口诀通过巧妙的文字编排，将地表与地下，“水溶”与“水积”，“峰石盆”（即峰林、石林、溶蚀盆地）与“乳柱笋”（即石钟乳、石柱、石笋）自然地形成分类对比的关系，于是略显散乱的知识要点就组织化、结构化了，而且体现出内在的因果联系。再加上“土贫水漏农耕难，水幽山奇洞中天”，则进一步说明了喀斯特地貌与人类经济活动、经济发展的关系，即它不利于农业、基建等活动而有利于旅游业的发展。

海岸地貌的形成其实更为复杂，但限于高中学生的接受能力，教材介绍相对简单。笔者归纳为：海岸多曲折，侵蚀在湾南——崖、洞、柱；海岸似平直，堆积在湾北——滩、洲、堤（两半岛例外）。其中的“湾”特指我国的杭州湾，其南以海蚀地貌为主，其北则以海积地貌为主，但处于北方的山东半岛、辽东半岛反之。

教材中黄土地貌的内容最为丰富而复杂，是本节的重点，也是学习中的难点。其内容实际上分为以下几个层次：（1）从来源看，黄土是风力搬运、风力堆积的结果。（2）黄土地貌“塬梁峁”的形态、千沟万壑的特点则是流水侵蚀的结果。综合以上两点，黄土地貌主要分布在中纬度半干旱区。（3）黄土的性质、特点使其一方面有利于农业发展，另一方面又水土流失严重，亟须保护治理。以上的（1）与（2）构成对比关系，它们与（3）则有因果关系。从（3）拓展分析开去，则涉及地理环境综合性及区域开发、灾害防治等内容，这之中，综合思维、区域认知、人地关系协调、地理实践等地理学科的核心素养都有所涉及。为此，笔者将内容总结为:(1)土随风来,泥随水走,塬墚峁,沟壑横;(2)土疏松,持水好,钙磷钾,宜农耕;(3)土疏松,暴雨多,植被少,易流失;(4)易流失,减肥力,淤河道,造洪涝;(5)复植被,修梯田,淤地坝,治流失。这个总结字数虽略多,但仍然给人言简意赅的感觉。首先,它的确紧紧地抓住了要点,是知识要点的缩略化呈现。其次,语词中有不少重复,如“土疏松”“易流失”等。其中,重复“土疏松”体现的是利弊两重性,重复“易流失”体现的则是因果链,这可不是那种啰里啰嗦的重复,相反,这种重复既可加深印象又可减轻记忆负担。最后,五点之间有着紧密的逻辑关系,它们互为因果,紧密地联结为一个整体。从笔者的教学经验看,学生一般并不排斥、抵触这样的“长句”,因为,这么多丰富复杂的内容,怎么能不长呢? 虽然长,其中却并没有多余的字句,也找不到更简洁的表达。因此,学生是认可的、接受的。

四、凸高为谷有河流,凸低为脊分水岭——针对问题解决、技能应用的总结

除知识与内容外,地理学科中也有许多牵涉一定技能的针对问题解决的知识应用。在“地貌”专题中,等高线图的判读就属于这一类。其中,特别容易搞混、弄错的就是山谷与山脊的判读。为此,笔者总结为:凸高为谷有河流,凸低为脊分水岭。讲解中,首先要向学生说明,山谷、山脊在等高线地形图上都是等高线弯曲的地方。其次,弯曲形态的凸出方向如果是地势高的地方,则弯曲处就是山谷,当出现降水或有地下水渗出时就能形成河流;反之为山脊,它在水系划分中则成为河流间的分水岭。这个结论可以结合图示推导说明给学生看,使他们从根本上理解。而在理解之后,如果不想每次的判读重做那些复杂繁琐的推导,那就必须牢记前面给出的口诀,因为在实际运用中它们的确是百试不爽的。这种记忆是必要的、必需的。

综上所述,通过三类总结,学生在教学中既能够获得有关地貌的清晰概念以及明确的知识整体框架,又能切实地把握住那些具体丰富的知识,还能有效地掌握那些复杂技能运用的要诀。这正是我们从内容上需要达成的教学要求。

而在形式与功效上，上述歌诀式的总结短小精悍、提纲挈领，使用时纲举目张，又易读易记，的确是极具效率的。对于高一地理教学来说，面对地理学习基础相对薄弱、地理学习经验相对缺乏的学生，要在相对较为有限的课堂教学中较好地达成教学目标，进而有效地培养地理核心素养、立德树人，以上的歌诀式总结显然是极得力的辅助。而且，依托这些歌诀式总结，在后续的复习课教学中，甚至是在高二年级的拓展课教学中，都会显得比较轻松、比较容易，也能比较快、比较好地出效果，从而能够最终获得更为理想的地理教育的成功。

五、其他“歌诀式”总结举例

有关昼夜长短变化：点北北昼长，越北越长成极昼。这可以分两层意思理解，首先，当太阳直射点位于北半球，则北半球昼比夜长，而且越往北方，昼越长，直到变为极昼现象。其次，在太阳直射点从南向北移动中，直射点的位置越北，北半球的昼就越长，直到出现极昼现象。

有关岩石圈组成：(1) 主体岩浆岩：侵入花岗颗粒粗，喷出玄武气孔多。岩石按成因分三大类，其中最主要的是直接由岩浆形成的岩浆岩，它又分两类，在地下形成的叫侵入岩，晶体颗粒粗、色泽浅，如花岗岩；喷出地面形成的叫喷出岩，晶体颗粒细、色泽深、有气孔，如玄武岩。大洋底部主要就是玄武岩。(2) 表层沉积岩：外力蚀复结，页砂砾灰泥，有层理构造，可能有化石。地壳表层主要都是沉积岩，它是已形成的岩石经过地表外力作用（风化、侵蚀、搬运、堆积然后重新固结形成的，如页岩、砂岩、砾岩、石灰岩、泥岩及煤炭等，有层理构造，其中还可能有化石）。(3) 少见变质岩：定向致密性质变，大理片板石英岩，有片理构造。前述两类岩石受地壳运动和岩浆活动的影响，在高温高压下，岩石的矿物成分及结构发生变化形成变质岩。它岩性致密、密度大，矿物颗粒定向排列，有片理构造，这类岩石相对比较少见，主要由有石灰岩变质形成的大理岩，页岩变质形成的片岩或板岩，石英砂岩变质形成的石英岩。

有关大气垂直分层：对平中热散，降升降升升。从地面向上，根据大气的物理性质分为对流层、平流层、中间层、热层、散逸层五层，它们的气温随高度增加分别是下降、上升、下降、上升、上升，这是由各层的热量来源方向决定的。其中,对流层:越热越厚越对流,尘埃水汽象复杂。因为其热量来源是地面辐射,地面越热,空气对流上升的动力就越强,对流层的厚度就越大。它平均厚度是十多千米,但却集中了大气圈质量的3/4和几乎全部的水汽与尘埃(因为它们都来源于地面),因此云雾雨雪等气象变化复杂。

有关大气圈对地球生命的保护作用:(1)防弹衣,防陨星,不见环形山。由于地球大气的存在,绝大多数的流星体在大气中因与大气摩擦而燃烧殆尽,因此不会撞击到地面形成像月球表面那样的环形山;(2)遮阳伞,吸散反,去一半。大气中各种成分对太阳辐射的吸收、散射、反射作用使得到达地表的太阳辐射被削弱了一半,地表白天温度不会太高。特别是臭氧吸收了紫外线,有利生物的生存。(3)保温被,不吸光波吸长波!太阳暖大地,地面辐射欲何去?大地暖大气,相逆辐射还大地。太阳短波辐射被地面吸收,很少被大气吸收,地面增温后释放的地面辐射则能被大气中的温室气体(水汽、尘埃、二氧化碳)大量吸收,大气由此升温后再通过大气逆辐射将热量返还给地面,使地面夜晚温度不会下降得太低,当天空多云特别是浓密的低云时这种作用最明显。

有关我国的锋面雨带与天气现象:北风总强,南风难长;四五月,在华南,华北春旱;六七月,在江淮,梅雨绵绵;七八月,到北方,江淮伏旱;九月至,退江南;十月到,归海待来年。在我国,从春到夏,暖气流不断北上;尔后则是冷气流不断南下,由此形成我国锋面雨带的南北移动。冷空气源于大陆势力强大,南下迅速;暖空气源于海洋力量有限,北进缓慢。

有关水循环中的海陆间循环:日晒海水蒸发多,海风劲吹汽输送;遇冷凝结成降水,陆水趋低是径流。地表地下渗复出,细流涓涓汇江河;根吸叶蒸坝拦水?百川滔滔归大海。关于海上内循环:蒸之于海,降之于海。关于陆上内循环:降之于陆,蒸之于陆。水在地球外部三圈(大气圈、水圈、生物圈)和岩石圈之间连续运动的过程叫水循环,其各环节的动力主要是太阳能,如蒸发、水汽输送等;其次是地球重力,如降水、径流等,当然归根到底还是太阳能。海陆间循环涉及的空间范围广大,所以又叫大循环,它的组成环节也多(还有下渗、渗出、植物蒸腾,人类还通过修水坝、水渠来对之加以改变),对陆地环境影响巨大,特别是使得水资源成为可再生资源;在干旱的内流区以陆上内循环为主,对当地水资源的补充很重要;海上内循环虽参与的水量巨大,但对陆地环境意义不大。三类水循环中都具有的环节是蒸发和降水;人类能施加影响的环节主要是地表径流,如修水库蓄水就改变了径流的时间分配,跨流域引水就改变了径流的空间分布。

有关河水补给:河水之源称补给,降水自然第一位。降水气候定,中国夏秋多。冰川遇热融,汛期在夏季。东北雪茫茫,春汛水淙淙;敢和夏汛比?雨暴水滔天。河水的来源叫河流补给,多数河流主要依靠降水补给,而降水的情况由流域所在地区的气候决定。如我国为季风气候,夏秋季降水多,因此我国多数河流夏秋季为汛期,冬春则为枯水季节;热带雨林区因终年多雨,所以河流流量大而季节变化小;西欧地区为温带海洋性气候,河流流量稳定,加上地势平坦、水网四通八达,非常有利于发展航运;地中海气候区的河流则汛期出现在冬季。干旱区高山上冰川积雪在夏季融化,因此河流流量随气温而变化,在夏季最多,冬季冰雪不再融化则会出现断流(如塔里木河);我国东北地区冬季积雪多,春天积雪融化形成春汛,当然因为东北仍然属于季风区,河流春汛的水量比降水形成的夏汛还是要小得多。

有关厄尔尼诺和拉尼娜:(1)拉尼娜是加强:东南信风强,南赤暖流强,秘鲁寒流、涌升流强,东凉西暖,东边鱼满舱,西边台风多。此内容先说明热带太平洋的正常情况,即东南信风吹拂下形成南赤道暖流、秘鲁寒流、涌升流、秘鲁沿岸荒漠气候、秘鲁渔场等,气温偏低,而西岸则气温偏高、降水丰富,东亚有台风活动。随后指出拉尼娜现象就是上述正常现象和结果的加强;厄尔尼诺则是上述情况的反常。(2)厄尔尼诺是反常:东南信风弱,南赤暖流弱,秘鲁寒流、涌升流弱,东暖西凉,东边死鱼漂,西边林火烧。

有关城市化:村地变城地,村民变市民;比重是标志,动力生产力。进程日益快,规模日益大;终至城市群,终至穷国家;穷国水平低,发展空间大;富国水平高,终至逆城化。城市化就是农村地区变为城市地区,农村人口变为城市人口的过程,其根本动力是生产力的发展。衡量城市化水平的重要标志是城市人口占总人口的比重。发展到当代,由于生产力的快速发展,因此城市化的进程大大加快,城市规模不断扩大,并出现城市群。发达国家城市化起步早,目前城市化的水平高,因此发展趋缓甚至出现逆城市化现象;而发展中国家城市化起步晚,目前城市化的水平低,因此城市化发展快,成为当前世界城市化的主流。

有关城市化、郊区化与逆城市化:齐往中心聚,集聚效应好;太聚空间小,环境恶化了!人往郊区迁,用地相置换;中心净商务,郊区化新城。生活质量高,城市太喧嚣。城乡差距小,设施完善了!居家可办公,自驾城乡间——城市化总是变现为人口和经济活动(主要指第二、三产业)的集中,因为集中能产生集聚效应,提高效率。但集中到一定程度之后,城市中心过度拥挤、环境恶化,居住条件变差,于是就会产生郊区化现象,即城市中心区的居民迁往郊区,使市中心区的人口密度减小,居住用地被置换为商业用地或公共用地,而郊区的农业用地转变为城市居住等用地,成为新城区,原有的农村居民转变为市民,由此使得城市总面积扩大、总人口也增加。因此郊区化是城市化的一种特殊表现,它使得区域的城市化水平继续提高。而逆城市化则是在城市化及社会经济都达到相当高的水平之后,部分大城市居民出于追求高质量生活品质目的而迁往更宜居的中小城市甚至乡村的现象,它会使得区域的城市化水平有所降低,它的前提是城乡差距缩小,乡村的基础设施趋于完善,城乡交通非常方便。

有关伊斯兰文化圈:中亚西亚与北非,炎热干燥风沙飞;长袍阿拉伯,圆顶清真寺。伊斯兰文化主要分布在中亚、西亚、北非地区,这些地区气候多炎热干燥,阿拉伯民族占主导,他们穿的阿拉伯长袍可防日晒和风沙,圆顶尖塔的清真寺是其典型文化风景。

有关青藏高原文化:高寒地,辐射强;日照长,温差大。掉袖藏袍,石砌碉房。糌粑酥油茶,牦牛藏绵羊。民歌高亢嘹亮,礼拜五体投地;女装横纹多彩,寺庙金碧辉煌。青藏高原海拔高、气温低,太阳辐射强、温差大。当地居民穿的掉袖藏袍适应温差大的环境,石砌碉房有利于防风防寒。高原牧业主要放牧牦牛和藏绵羊,高原河谷地区可种植青稞,所以当地的饮食主要是青稞酒、糌粑、酥油茶、牦牛奶等。他们的女装横纹多彩,民歌高亢嘹亮。这里的宗教对文化影响大,寺庙建得金碧辉煌,礼拜讲究五体投地。

有关拓展教材中的区域开发篇：开资源，发产业；保环境，防灾害；优化结构，协调关系，最佳效益可持续。区域开发首先要考虑区位优势和区域的资源优势，不论是矿产、土地一类自然资源，还是劳动力等社会资源，开发它们就能将资源优势转化为经济优势增加收入，并使相应的产业得到发展从而促进就业。区域产业发展的过程也是区域的产业结构升级和优化的过程，优化是指通过市场调节与政策调控，使区域的三大产业间保持合理的比例，形成本地区的主导产业和支柱产业，并使产业结构与区域内的自然环境，社会经济环境与生产力发展水平相协调，以取得最佳的经济效益、社会效益和生态环境效益。特别是就某流域开发来说，区域开发还要注意水资源与水环境的承载能力，要正确处理上、中、下游及左岸、右岸的关系。

第四节 “歌诀”在地理拓展课教学中的运用

在上海近些年的教学与考试体系中，高一地理侧重于知识本体的学习，以面向全体学生的学业水平合格考试来进行检测；高二侧重于相关知识的运用，以仅面向高考选加地理的学生的学业水平等级考试来进行检测。单看内容的话，高二地理相比高一有所增加，但增加得并不多。但因为要教会学生把相关知识普遍地应用于各地区的区域综合分析，涉及的地理核心素养要求更加具体全面，也更加深刻，因而高二地理教学的难度、强度相比高一其实是显著增加的，这也使得学业水平等级考试具有更好的区分度，从而成为高考录取的依据。

以上这样的情况决定了高二地理教学必须处理好“炒冷饭”和“上热菜”的关系。概言之，旧知识的复习必须快速而坚实地到位，并以此为基础巧妙、自然地拓展到新要求、新知识，重点在于引入新问题，训练新技能，以把学生对地理学科的认知和对地理问题的分析、判断、表述能力推向新的高度，以此更全面、更深入地达成地理学科核心素养的要求。

因此，运用相关歌诀可以使教学特别有效率，也特别有效益，试以“农业复习”为例简要说明如下。

一、基础知识的复习

“农业”一节的基础知识主要是“农业区位条件”和“农业地域类型”两部分。其中“农业区位条件”又分为自然区位条件和人文(社会经济)区位条件。对前者,笔者用歌诀归纳为:气地水土,光热水差。前四个字分别代表气候、地形、水源、土壤。其中气候条件又包括光照、热量、水分和气温日较差四个方面,此即后四个字“光热水差”的含义。对于人文区位条件,我概括为:市交科、市政劳。其中两次出现的“市”都是代表市场条件,因为现代社会基本属于市场经济社会,市场在配置资源方面处于极为重要的基础性的地位,只要市场有需求,交通条件就能得到改善,相关政策就可以制定实施,劳动力就可以被吸引迁移,科技就可以被刺激而加大投入,甚至通过设施农业而使难以克服的自然条件方面的缺陷也得到某种改变,因此歌诀中“市”出现了两次——当然,初衷其实是为了文本上的整齐、顺口。

不同的区位条件使得不同地区具有各自特点、各自结构的农业类型,这便是农业地域类型。笔者用八个字的歌诀来简记主要的农业地域类型:水旱游牧、商地热城。它们分别代表水田农业、旱作农业、游牧畜牧业、牧场畜牧业、高度发达的商品化混合农业(课堂上笔者一般简称之为“高商混”,歌诀中简记为“商”)、地中海型农业、热带种植园农业和城郊农业。其中,城郊农业并不属于“农业地域类型”,这也是为了口诀文本的整齐顺口“凑”在这里的,为此需要跟学生做特别的说明。每次讲课到这里,笔者都这样问一问:同学们,上海郊区的农业主要是什么农业?答:城郊农业。又问:整个上海地区的农业地域类型属于什么呢?答:水田农业。这样一来,学生就概念清楚,基本不会搞错了。

上述的歌诀是高一时就教给学生的,相当于把纷繁复杂的知识做了很好的打包处理。到高二复习时,只要略微一提,学生基本都能记得起来——即使真的完全忘记了,重新记住它们也是很容易的事——当然,歌诀的理解是必须以扎实的教学为基础的。

而高二教学的任务,重点是在高一的基础上加以深化、具体,为此,笔者紧扣农业地域类型的概念,仍然在歌诀上做文章,问:各农业地域类型的生产结构不同，“水旱”这两类与“游牧”这两类农业地域类型的生产结构是不同的，同学们看得出来吗？

学生们略作思索，都能明白，前者以种植业为主，后者是以畜牧业为主。再问：那么“水旱”两者之间的生产结构有没有差异呢？

当然有差异，水田农业主要种植水稻，旱作农业则主要是种植小麦、棉花一类旱作作物。这样，学生对于农业结构这个较为抽象的概念就比较清楚了。

对于各农业地域类型的不同特点，笔者也继续在歌诀基础上做文章，设计的问题为：主要分布在发展中国家的“水旱游”的特点是什么？

这个问题隐含的意思是将“水旱游”与主要分布在发达国家的“牧商”进行对比，从哪些方面做对比呢？无非是规模谁大，商品率谁高，专业化程度谁高，科技水平谁高，机械化程度谁高。比较的结果很明显，当然是后者规模大，商品率高、专业化程度高、科技水平高、机械化程度高，前者则反之。到此，清晰的印象、准确的归纳性的概念都形成了。教师则追问一句：发达国家农业形成这样的特点有什么好处呢？

当然是为了更高的生产效率、更好的市场效益。那么，世界农业、我国农业发展的方向应该是怎样的呢？当然是发展中国家向发达国家看齐，当然是传统农业向现代农业的生产方式看齐。教师最后再补充：当然，农业最高的追求是要尽量避免资源消耗大、污染重、生态问题多的石油农业，而要努力发展生态农业、绿色农业，即在追求经济效益的同时还要重视生态效益及社会效益。

除此之外，“水旱游牧、商地热城”中的“地”，两类国家都有分布，它是唯一以气候类型来命名的。其特点是“主要种植冬作的谷物蔬菜；夏季因高温少雨，所以主要生产抗旱耐热的经济作物（葡萄、柑橘等），规模小、机械化程度较低”。“热”的特点则是“虽在亚非拉，貌似很发达”，即主要分布在亚非拉发展中国家的热带地区，但规模大，专业化、商业化程度高（产品几乎全部提供给国际市场）。

二、有关新疆棉花生产的案例分析

在高二的拓展教学与等级考试中，有关农业的内容主要还是区位条件分析。为此，笔者选取了新疆棉花生产这个案例，因为新疆现在是我国最大的棉花生产基地，且棉花单产高、品质好。笔者首先就请学生根据材料分析新疆棉花生产的优势区位条件。尽管高二已经复习到农业这部分了，时间也已快到第一学期末，但学生们还是不太熟悉这类问题应该怎样回答。多数学生思路严重受限，他们的答案只有寥寥数语，且常常语无伦次。当然，实际的问题在于：大都市中的孩子多数对农业是比较淡漠的，对新疆的区域认知、对棉花这种农作物的习性实际上都非常陌生。为此，课堂上笔者既不讲评学生的答案，也不呈现“标准答案”，而是借人工智能的由头呈现了一个机器人对新疆棉花生产优势区位条件的分析：新疆气候好，光照好，热量好，水分好，温差好；地形好，水源好，土壤好；市场好，交通好，科技好；政策好，劳动力好。

然后请学生评价这个答案怎么样。多数学生都感觉这个答案是不行的——当然是不行的！笔者继续问，把你自己的答案跟这个机器人的答案比较一下，你能发现这个“傻傻的机器人”的答案的优点或长处吗？这样一问，学生们马上反应过来，对这类问题的解答应该基于“农业区位条件”这个基础知识。前面让大家背记“气地水土，光热水差”这类歌诀可是有的放矢的，那是要派上用场的。基础知识必须扎实掌握，否则，学生面对这样的问题就没有思路，就难以形成综合思维，做出全面回答了。

另外，这个答案把新疆各方面的条件都说“好”，尽管这肯定不行（不符合辩证法），但有没有合理性呢？其实是有一定合理性的，因为材料已经告诉我们新疆“是我国现在最大的棉花生产基地，且棉花单产高、品质好”。因此，简单地说，机器人这个答案的优点就是“应答尽答都说好”；当然，其问题在于“笼统抽象不具体”，其中，说新疆“水分条件好”还是一个常识性的错误。经过以上一番解析、辩驳，如果是对新疆有一定区域认知基础的学生，就应该在自然区位条件方面写出较为优良的答案了。

但社会经济条件方面呢？新疆的棉花市场能说大吗？交通能说方便吗？科技能说发达吗？劳动力能说丰富吗？它可是在“黑河—腾冲”线的西北，可是深居内陆的边疆地区啊。对此，笔者展示如下的表述：

面向全国,棉花消费市场广大;铁路、公路等交通便利;国家政策支持;劳动力较丰富;生产经验丰富、农业科技较发达。

这里要给学生强调的是:新疆是祖国大家庭中的新疆,而不是孤立的新疆,其市场是面向全国甚至也联通世界的,其在科技、劳动力等方面实际上是得到全国支持的。这个答案也是往好里说,但关键是要说得"有理有据有分寸",因为题目的要求是分析"新疆棉花生产优势区位条件"。

以上的套路式做法当然比较机械,但作为分析问题的起步却又是必要而且重要的。以此为基础,接下来就可以将学生们的思维引向更具体、更有指向性的问题了。笔者呈现的第二个问题是:说出南疆地区棉花产区的分布特点,并说明原因。答案为:呈环状分布在盆地边缘地区;因为这些地区地势低平,水源丰富,土壤肥沃,光热充足。

讲解中,重点在于向学生强调指出,这个题目仍然是考核农业区位问题。新疆地区农业最主要的限制性因素是什么?当然是水资源;而只有在盆地边缘才有高山冰雪融水的灌溉,所以才能种植棉花;而盆地中部就不行了。当然,高山上也有水,但地形、热量条件又不配合——这正是地理的综合思维的体现。

笔者呈现的第三个问题是:请对新疆棉花生产发展提出建议?

课前几乎没有亲眼见过棉花的学生现在要对远在天边的新疆的棉花生产提出建议,这当然是纸上谈兵的模拟性问题。但只要学会了地理思维,学生们就能够答得八九不离十。农业发展的方向正是传统农业向现代农业发展,即要扩大规模,提高商品率,提高专业化程度、科技水平、机械化程度。当然,回答中不能忘记结合对新疆的区域认知,也不能忘记人地关系协调。另外,新疆主要的环境问题有哪些?在新疆发展农业、发展棉花生产可能产生哪些环境问题?怎么解决?循着这样的思路,学生们可谓茅塞顿开,基本符合原理、像模像样的答案就此在他们笔下生成出来。

三、有关广西横县茉莉花生产的案例分析

作为知识及技能的巩固与迁移运用、灵活运用、综合运用,课堂上笔者还引导学生们分析了"广西横县茉莉花生产"的案例。笔者向学生出

示的第一个问题是:与江苏、浙江相比,请说明横县有利于茉莉生长的气候条件。

这是个实测中得分率较低的题目。为了突破之,笔者侧重于引导学生给问题“定性”,该题考核什么。不就是考核农业区位条件中的气候吗?而气候不就是“光热水差”吗?我们的答案围绕“光热水差”说不就行了吗?但是且慢!在地理问题的分析中,经常是通过“做比较”得出答案的。这个题目是要我们把广西横县跟江苏、浙江做比较。那就说横县的“光热水差”比江苏、浙江好即可。但是简单化、机械化可是地理实践中的大敌!在题目材料中还有什么重要信息?

茉莉喜光、喜高温,抗寒性差。其生长旺季要求水分充足,但土壤过湿也不利于其根系发育。具体到茉莉花这种植物,它是有独特习性的——好比我们每一个学生都有自己的个性。

横县的光照热量比江苏、浙江更充足;横县这里没有梅雨天,不会造成土壤过湿;横县没有伏旱天气,不会在生长旺季遭遇水分不足;横县受寒潮影响小,茉莉遭受寒冷威胁的可能性小。

笔者接着出示的第二个问题是:横县地形以河流冲积平原为主,茉莉主要种植在平原地势较高的旱地上,试解释原因。

同样地,我们先给这题目定个性,它考什么。当然是考农业区位条件,但要不要把有关农业区位条件的歌诀“十四个字”都用上呢?

为此,必须先弄清楚这题目是要我们把谁跟谁比较。题目的意思是:在横县,茉莉主要种植在平原地势较高的旱地上而不是别的地方。因此,它实际上是要求我们把“平原地势较高的旱地”与横县的其他地方做比较。清楚这一点,那么,我们就不需要考虑社会经济条件“市交科、市政劳”了。都是在横县,这些方面不会有大的差异。那么在自然区位条件“气地水土,光热水差”中,“平原地势较高的旱地”与其他地方相比有什么优势呢?再结合茉莉的习性来分析,可知这类地方:地形平坦;土层深厚、疏松,土壤肥沃;排水良好,土壤不会过湿;离水源较近,便于灌溉,但又不易受洪水威胁。

至此,学生们都有了恍然大悟的感觉。

第五节 “歌诀”在等值线图教学中的运用

站在学生的角度,学习中最主要的矛盾是什么?是有限的学力与对学力无限需要的矛盾。要是能一目十行、过目成诵,那该有多好。但学生难以“一目十行、过目成诵”,教师能否把“十行”变“一行”而让学生过目成诵呢?精炼的歌诀就有这样的作用,试以等值线图教学为例说明如下。

一、用歌诀归纳等高线地形图中的基本地形

地理学科中的等值线图有多种。其中,等高线地形图无疑是最重要、最基础的。等高线地形图中的基本地形一般可归纳为山峰、盆地(洼地)、山脊、山谷、鞍部、陡崖等六种。笔者将“山坡”加入其中,编成如下歌诀:山峰盆地,陡崖鞍部,山脊山谷坡。

这之中,前二者为等高线闭合,大致呈同心圆状的地形,彼此构成对比关系。山峰是中部高、四周低,盆地反之。“陡崖鞍部”是比较特殊的地形形态。后三者中,山脊山谷都是等高线弯曲的部位,彼此构成对比关系,山坡则是等高线近乎平行的部位——它与“弯曲”的情形又构成对比关系。对于坡,如果等高线稀疏就是缓坡,稀疏到极限那就成为平地;反之,等高线密集就是陡坡,密集到极限而重叠在一起,那就成为陡崖。

这样的歌诀归纳有什么好处?好在它能更轻松、更高效地引导学生熟知、熟记七种基本地形。七种地形,就算是地理教师也未必能一口气说出来,多数还是要想一想的。对于学生,听课的时候是理解了,但之后遗忘总是难免的,再清晰的印象,时间一长总难免渐趋模糊。如果能把上述总结归纳性的歌诀教给学生,学生能轻松地记住七种地形,那他们就容易形成清晰恒久的印象。

提起歌诀,比较容易让人想到死记硬背。对此,不妨做一下具体分析。首先,对于七种基本地形应该熟悉并记住吗?回答是肯定的(至于记住了却不会进行实际的判读,那是另一回事)。其次,运用以上的歌诀来记忆是否更轻松、更有效呢?回答也是肯定的。最后,上述的歌诀记忆是死板、无益甚至妨碍理解运用的吗?恰恰相反,“山峰盆地”为相反相成

的一组,“陡崖鞍部”作为特殊的地形形态构成一组,“山脊山谷坡”是相反相成又相互联系一组。一组之中、组与组之间既体现不同地形的对比,又体现着它们彼此的内在联系。这样的歌诀记忆恰恰是促进理解、强化理解的“活”记而非“死”记。即便要求学生背一背,那也是因势利导的“背”而非“硬背”。反之,教学不辅之以必要的记忆,甚至排斥记忆,则再好的授课效果也会逐渐衰减甚至于消亡。而在以上歌诀的助力下,记忆并不费力;即便消亡,也能快速有效地复活重生。

二、地形图判读中的歌诀运用

在等高线地形图判读中,最常遇到也最易混淆的是山脊与山谷的判读。这是因为两者都是等高线弯曲的地方。在这种等高线弯曲的地方,如果把弯曲的拐点处连接起来,那就是山谷线或山脊线。到底是山谷还是山脊呢?如图 3.1,两图外观一模一样,但其实有根本的不同。如果是山谷,则中间 Y 点的海拔是低于两侧的 X、Z 点的,其等高线弯曲处的凸出方向是指向海拔较高处;如果是山脊,则中间的 Y 点海拔要高于两侧的 X、Z 点,其等高线弯曲处的凸出方向是指向海拔较低处。这个规律,用口诀简记就是:凸高为谷,凸低为脊。

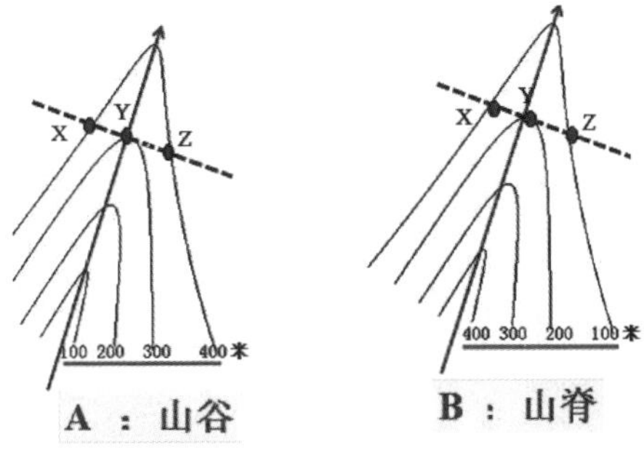

图 3.1 山谷与山脊

如图 3.2,当出现降水的时候,山谷两侧的径流都向谷中汇聚,于是形成河流。如果该地区比较湿润,在不下雨的时候,山谷两侧的坡地中也有地下水缓缓地渗出到谷中,谷中的水就长流不息,山谷就成为河流了。河流的侵蚀作用又能使山谷不断变宽、变深。当然,如果是降水稀少的干旱区，山谷中一般没有水，就形成干谷。与山谷相反，由于山脊的地势比两侧要高，有降水时，水是从山脊向两侧分流的，于是就成为河流间的分水岭。于是，以上的歌诀便可改进为：凸高为谷有河流，凸低为脊分水岭。

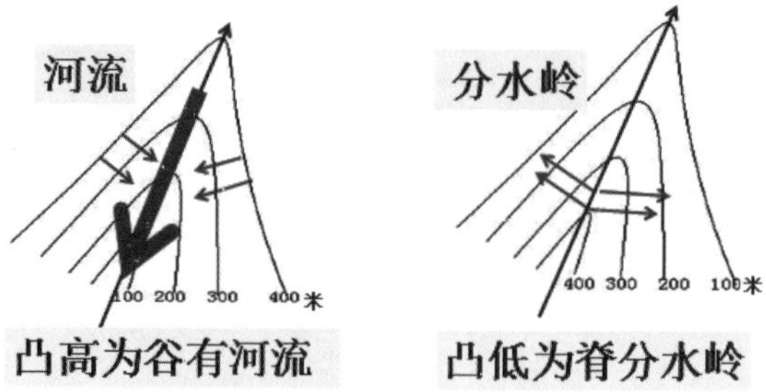

图 3.2　河流与分水岭

还有一种让学生比较犯难的情况，那就是两条等高线之间又出现闭合的等高线。如图 3.3 所示，该图整体为山谷（因为有河流），东、西两侧为河流两侧的山坡。已知等高距为 100 米，则 a 处的海拔应为 400 米。那么 b 点的海拔大致为多少呢？它是一个怎样的地形呢？根据等高线地形图的一般原理，从图中的 300 米线到 a 所代表的 400 米线，地势是逐渐升高的。两条等高线之间地区的海拔都应该大于 300 米。而图上的状况是在 300 米线到 400 米线之间又出现了一条闭合的 300 米线。这意味着沿着图中的箭头所指，地势从 c 点（海拔 300 米）开始时是升高的，但随后又开始了下降，高度重新变为了 300 米。照此趋势，则 b 点的海拔应该低于 300 米，b 点处的地形实际是一个洼地——位于山坡上的一个洼地，b 点应该就是该洼地的最低点。从 b 点到 d 点地势重新开始升高，重新升高到 300 米，然后是 400 米。

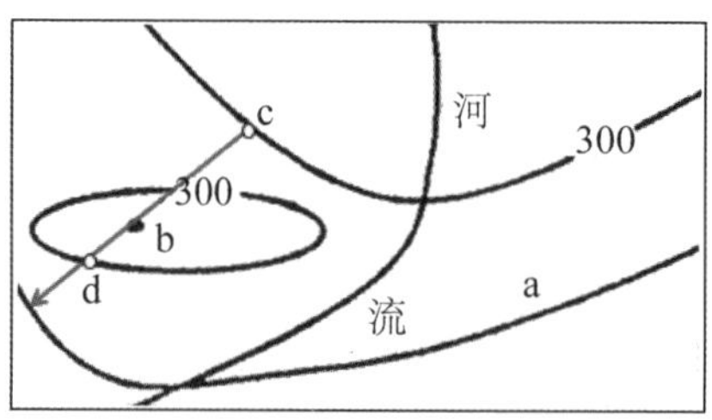

图 3.3

反之,如果图中 b 周边的闭合等高线标注为 400 米,则 b 点的海拔就应该大于 400 米,b 处的地形就应该是山坡上凸起的一个小山丘,其推理的过程与上面类似。按以上的叙述向学生解释,让学生透彻地理解其中的原理与推理过程是必须的。但另一方面,对相当部分的学生来说,以上的推理是很容易让人犯晕的。许多学生听懂了,但事过境迁,真遇到这类问题时能否准确判断呢？如果学生老老实实地按上述思路去演绎而得出结果,既费时费力,错误率也不会低。如果能够在推导解释之后,让学生记住简单明了的歌诀“大更大,小更小”,即那条闭合等高线的数值如果是大值(400),则 b 点的海拔就大于 400 米,是小山丘;反之则小于 300 米,是洼地。

这种总结性、结论性歌诀的意义在于,对于喜欢探究、探究力强的学生,在一番推导、解释之后给予他们歌诀式的结论,并不妨碍他们理解。同时,还能够激发他们去重新研究、推导、验证的兴趣,又能保证他们结论的正确性——因为结论是简洁明了的,是容易深深地刻在他们印象中的。而对于知识掌握程度低的学生来说,先学会在实践中的运用,保证在实践中判断的正确性,歌诀就更重要了。

一般而言,高中生的学习压力是不小的,他们的时间与精力又有限。许多在老师看来很简单、理所当然的知识与技能,都是学生需要刻苦学习才能掌握的。依笔者自己的学习经历,那些重点、难点知识哪一个不是经历了一番周折才弄清楚的呢？对这些内容,几年课上下来,教师的认识当然是日益清晰、熟稔、深刻了,但学生们可是要从不知到知再到熟知,要从门外一步步走进复杂的知识殿堂的。就比如前面说到的山坡上的小山丘,它到底是个什么状况、什么情形呢？多数学生实际上很不容易理解,很不容易想象出来。我印象很深的是,面对教室里一片困惑茫然的目光,情急之下,笔者把一位学生请上讲台让他背对大家,略弯下腰。

“他的后背这时是一个山坡,对不对?”

然后笔者将自己的拳头放到他背上,“大家看,我的这个拳头不就是山坡上的小山丘吗?”

“啊？这不成驼背了吗?”在哄堂大笑中,大家总算明白过来。

三、等温线图判读中的歌诀运用

等值线图的另一大类是等温线图,其主要的考核点就是等温线弯曲的情况。理论上,如果地球表面是均匀一致的,则地球上的等温线应该跟纬线平行。而实际情形是,由于海陆热力差或洋流等的影响,等温线往往会弯曲。以 2018 年上海等级考试第 8 题为例:

图 3.4 为某区域 1 月等温线分布示意图。图中甲、乙两地海陆性质不同,则甲地气温(　　)

A. 高于乙地,为陆地　　B. 高于乙地,为海洋

C. 低于乙地,为陆地　　D. 低于乙地,为海洋

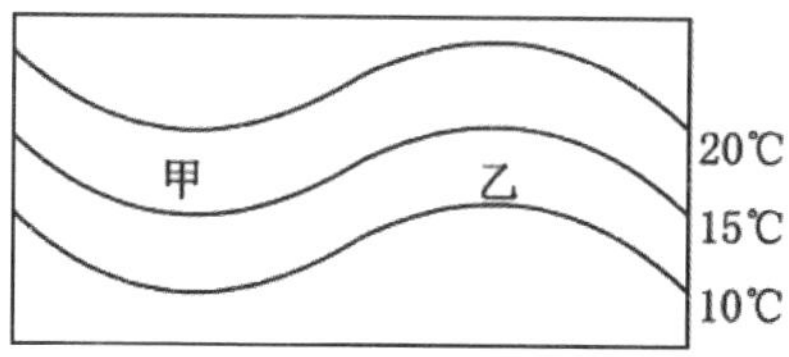

图 3.4　某区域等温线示意

这道题不算太难,但要把它说清楚还是得费些口舌。对此,我总结有弯曲的等温线凸向规律歌诀:低温凸低纬,高温凸高纬。

等温线凸出规律的分析思路与等高线其实是一致的。只不过"低纬"对应的是温度的高值区,凸向高值区的等温线弯曲处的温度是比同纬度的两侧更低的,相当于"凸高为谷"的"山谷",反之亦然。

面对题目,当然是忽略上述推导,直接用口诀来解决。首先,由于图中温度分布是北高南低,故确定为南半球;其次,甲地等温线凸向的是高纬(南极),因此它是高温的——即它的气温要高于同纬度的附近地区,自然更高于等温线凸出方向相反的乙地(粗略地视为同纬度)。根据题意,图中等温线的弯曲是由于海陆热力差造成的。关于海陆热力差,我总结的歌诀是:热时陆地热,冷时陆地冷。

这里的"热时"指的是昼夜比较中的"昼",或者是冬夏比较中的"夏";"冷时"反之。用口诀对照题目,1 月为南半球的夏季,是"热时"。因此"高温凸高纬"的甲地就应该是陆地,所以本题答案选 A。

总结本题的歌诀法解答步骤：南半球，甲地“高温凸高纬”，甲地气温高于乙地；1 月为南半球夏季，“热时陆地热”，故甲地为陆地，故选 A。由此可见，这种“歌诀法”解答的思路的确是简洁明了，结果也准确无误。而如果没有歌诀的辅助，直接地根据原理、规律去推导判断，相应的过程、转换环节显然就要复杂得多；过程与转换一旦复杂，结果出错的概率就必然大大增加，显然，这是应该尽量避免的。如何才能够避免呢？运用上述融知识、原理与技能于一体的歌诀可谓行之有效。

在海洋中，等温线的弯曲也可能由洋流造成。此时，“低温凸低纬，高温凸高纬”依然适用，同时还可以加上洋流流向的规律：凸向即流向。

就如图 3.4 中的情况，如果甲、乙两处都是海洋，其等温线的弯曲是由洋流造成的，则按照“凸向即流向”，甲处的洋流自北向南，在南半球是暖流。正因为是暖流，它使得流经处水温高于附近，即“高温凸高纬”；而乙处的洋流是自南向北，在南半球是寒流，正因为是寒流，它使得流经处水温低于附近，即“低温凸低纬”。

在陆地上，等温线的弯曲可能是由海拔差异引起的。请看下题：

如图 3.5 所示，已知 a 为等温线，b 为洋流，请判断该图所在南、北半球及洋流的流向，并推断其所在地区。

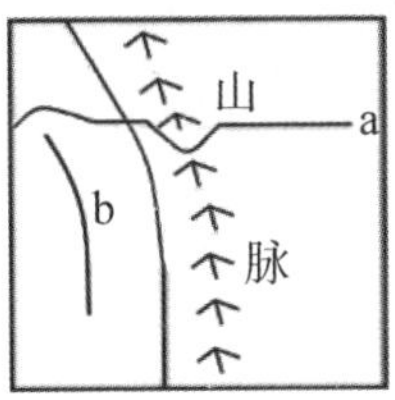

图 3.5 某区域示意图

这道题初看之下让人没有头绪，解答的突破点在于，海拔较高的山脉处的温度应该是比其东西两侧低的，这正是图中山脉处等温线弯曲的原因。那么，根据“低温凸低纬”的口诀，图中等温线的凸出方向（南方）必然是低纬。南方是低纬，于是可以确定该图为北半球。再根据海洋上的等温线情况，“凸向即流向”，则可以确定洋流 b 应该向北流，它应该是北半球大陆西岸的暖流。与此图情况较为符合的地区应该是北美大陆中高纬地区的西岸，即阿拉斯加暖流流经的地区或北欧西海岸地区。

再举一例：

图 3.6 中陆地所在的半球是________（南、北）半球，如果该陆地处于某大陆的西岸，则该地的气候类型应为______________。

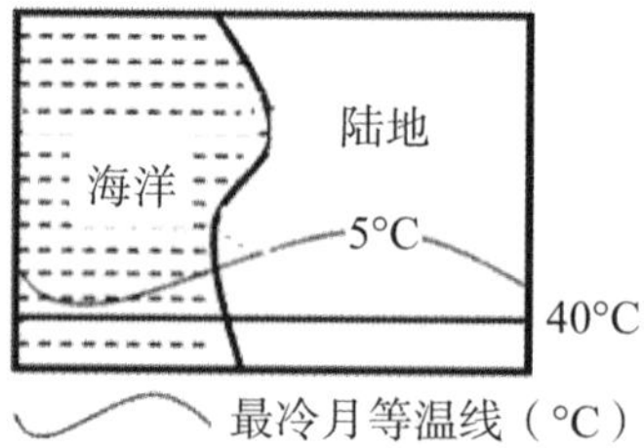

图 3.6　某区域示意图

这道题有一定的难度，其突破点在于图下方的图例，即“最冷月等温线”。既然是最冷月——冷时陆地冷，不管是南半球还是北半球，陆地都应该是比海洋冷；陆地冷，即低温——低温凸低纬，于是判断出图中陆地等温线凸出的北方是低纬，则该图就是南半球。那么，图中纬度应为南纬 40 度，陆地主要在南纬 40 度以北，又是大陆西岸，于是判断该地应为地中海气候。

“冷时陆地冷、低温凸低纬”，这样的口诀可真是攻坚克难的利器啊！

以上讲到的可以说是高中地理等值线图判读中的主要考点和难点，也是学生不太容易掌握的内容。而在相关歌诀的助力下，可以促进学生快速地理解并解答，使其等值线图判读的地理实践力大大提高，教学目标也就能够比较成功地达成了。

第四章　教学感悟与思考

作为长期执着于教学实践的一线教师，学生和课堂是我们最重要、最宝贵的教科研资源。正是基于对课堂的深切体验和与学生的亲密接触，本章相关的教学感悟便具有了浓郁的课堂气息和坚固的实证力量。同时，这些教学感悟也体现着笔者对学生和课堂的热爱，反映了相关教学风格、特点形成的源流和过程，其目标则指向教学改进，指向为学生创设更优质的课堂。

当然，宏观地看，课堂教学实际上是一个非常复杂的系统工程。从党和国家层面的教育方针到课程标准、教材体系，到具体的教学目标、考试要求，它们又都处在与时俱进的发展变化中。为着创设更高质量、更高效率，更符合新时代要求的课堂，我们必须提高站位、放宽眼界，必须热切地关注现实、热点、发展，孜孜不倦、坚持不懈地学习和钻研，以贡献绵薄之力。

第一节　用“比较法”演绎“城市空间结构”

一、城市及城市的基本特征

“什么是城市？城市有什么特征？同学们，别以为你生活在城市，就很熟悉城市，谁能来说一说？”

课堂就从这个似乎简单，其实很具有挑战性和冲击力的问题开始——当然，这问题是针对生活在上海这样的大都市中的学生。

苏东坡有诗歌谓：不识庐山真面目，只缘身在此山中。而哲学家们也早就指出：熟知并不等于真知。只有通过科学的方法和过程，真正的知识才能呈现。具体到作为人类聚居重要形式的城市，我们只有把它和乡村等其他聚居形式做比较，才能看出其特点。教材中直述的这部分内容其实也暗含着城市与乡村的比较。学生们的答案其实正是将城市与乡村进行比较得到的，尽管可能并不自觉（如图 4.1）。现在，思路就明确了——与乡村比较，什么是城市？城市有什么特征？

图 4.1　城市与乡村

此时，学生们当有豁然醒悟之感，他们的回答就比较踊跃了。当然，为课堂教学效率考虑，也为了降低难度，同时作为归纳，笔者设计的 PPT 上呈现的是如下内容：

以下选项中属于城市特征的是（　　），属于乡村特征的是（　　）。

① 人口和经济活动度集中　　② 面积广大，人口分散

③ 以第二、第三产业为主　　④ 以第一产业农业为主

⑤ 教育、科技、文化事业发达　　⑥ 田园风光、民风淳朴

既然城市的基本特征是以第二和第三产业为主，人口和经济活动高度集中，接下来笔者就向学生们展示了上海南京路、某居民区、某工业区的图片，请学生辨识其功能。这样似乎是作为验证，其实是为了过渡到本课的重点和难点问题。之后再出示大家熟悉的上海地图：内环、中环、外环，商业、居住、工业，即使印象并不很清晰，概念也许还有些模糊，但城市土地利用的环状结构已经呼之欲出了。那么，为什么会这样呢？

二、城市的空间结构

笔者出示城市土地利用效益图（见图4.2），坐标图中四条线的比较蕴含着丰富的地理意义。笔者让学生们首先注意横坐标、纵坐标分别代表什么，然后说出图中四条线的意义；再让学生们注意图中的“商业土地利用效益”，与其他三条线比较，它有什么特点呢，线条的这些特点又说明什么问题呢？于是，在教师的引导下，有意思、有意义的探究开始了，主要的活动与结论可归纳如下。

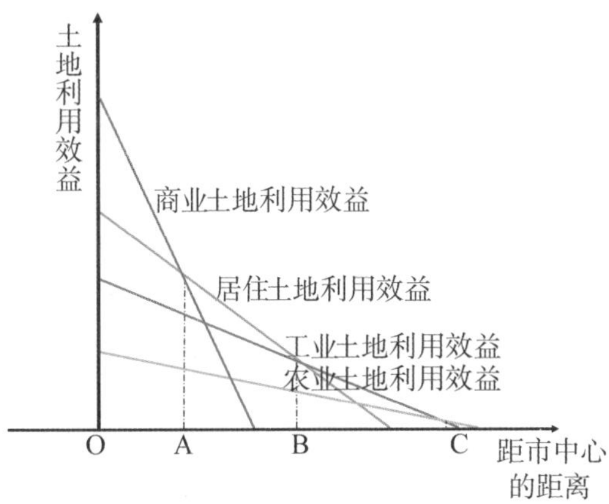

图4.2　城市土地利用效益

（1）在市中心，商业的效益最高；（2）随着与市中心距离的增加，商业的效益下降，而且下降得最快。这意味着什么呢？比如南京路上的新世界商城，它现在有不错的效益，如果我们把它向北搬迁到中山北路上，会怎么样？把它搬迁到我们彭浦中学、彭浦新村这里会怎么样？再离市中心远点，搬迁到沪苏交界的某镇、某乡，它的效益会怎么样？搬迁到塔克拉玛干沙漠会怎么样？

再来看图中的“农业土地利用效益”，与其他三条线比较，又有什么特点呢？又说明什么问题呢？

（1）在市中心，农业的效益最低；（2）随着与市中心距离的增加，农业的效益也下降，但下降得最慢；它的效益下降，但不像商业那样下降为零。

代表居住用地、工业用地的线条可以类推，这就用不着多说了。现在再请学生们思考：城市中心土地的利用效益为什么会比较高呢？不管是用于商业、居住还是工业、农业。因为城市中心交通最便利，人口最密集；因为市中心集聚效应最好……那么，在市中心，为什么是商业用地的效益最高呢？因为在市中心这样交通便利、人口密集、集聚效应强的地方商业创造利润的能力最强、商业的利润最高……

于是得出以下小结：城市土地利用类型主要是商业用地、居住用地、工业用地、农业用地，它们基本呈同心圆结构，这是由于在城市土地资源有限的情况下，各类经济活动展开空间竞争的结果。

三、城市土地价格

接下来开展城市地价环状分布的理论模式与具体案例中现实情况的比较和分析。请学生们换一个角度来思考：假如上海市还拥有一块位于市中心（比如说在南京路吧）的未开发的土地，这块土地会被派上什么用途呢？显然应该是商业，但假如有工业企业、地产商人，甚至农场主来竞争，那会怎么样呢？显然，这就要看谁会出更高的价钱，谁愿意付出最高的地租了。

通过这样的竞争，就形成了土地价格。城市土地价格决定于距离市中心的远近和交通的便捷程度。显然，距市中心越近，交通通达度越好，土地价格就越高。那么，我们容易理解，城市土地价格的分布也应该是一个同心圆结构。

但这只是理想情况下的城市土地价格分布，实际的城市土地价格分布情况要复杂得多。让我们来看一道题目（见图 4.3），它是一个具体的城市的情况：O 点是城市的中心，A、B、C 是城市中的另外三点。OA = OB = OC，即它们与城市中心直线距离相等。问：A、B 两地地价相比怎么样？为什么？显然，A 地地价与 B 地并不相等，而是会明显地高于 B 地，原因是 A 地位于城市的建成区，也就是基础设施条件更好、更完善的地区；而 B 地属于未建成区，也就是还处于乡村的状态。再来看 B 地与 C 地，B 地地价又大于 C 地，原因是 B 地邻近重要的道路，交通更加方便。如此，综合起来，A 地地价就应该远高于 C 地，原因是 A 地位于建成区道路旁，而 C 地位于城市郊区，交通也不方便。

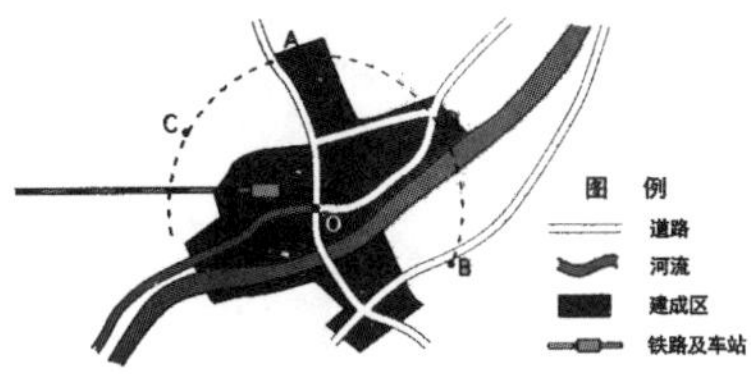

图 4.3　某城市示意图

另外，图中 C 地附近有一条铁路，它对 C 地地价会产生怎样的影响呢？它会使 C 地的交通更加便利吗？假如将 C 地开发为居住区，铁路的存在是积极的影响因素还是消极的影响因素呢？假如 C 地开发为工业小区呢？总之，实际的城市土地价格远比前面讲的环状结构复杂，要学会具体地、综合地、灵活地进行比较分析。

以上的一系列追问引导着学生探究、发现，最后归纳总结得出结论，课堂的气氛、学生的活动都可谓相当不错。

四、大城市土地利用空间结构

与一般城市比较，大城市的情况要复杂得多。课本中有两张图（见图 4.4）很有意思，它们看上去有许多不同，但又表达着相似的内容，真可谓同中有异，异而又同。将这样的两幅示意图进行比较分析非常有趣又非常有意义，具有很高的教学价值。笔者别出心裁地将它们做在一张 PPT 幻灯片上展示给学生，然后让学生找出它们的不同，同时分析一下这些不同的地理意义。

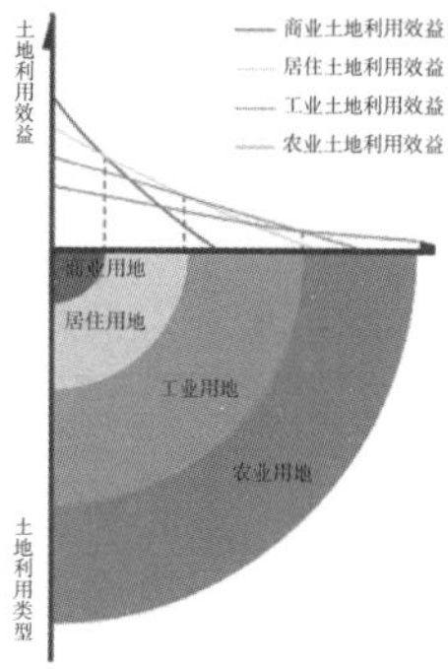

城市土地利用的同心圆结构

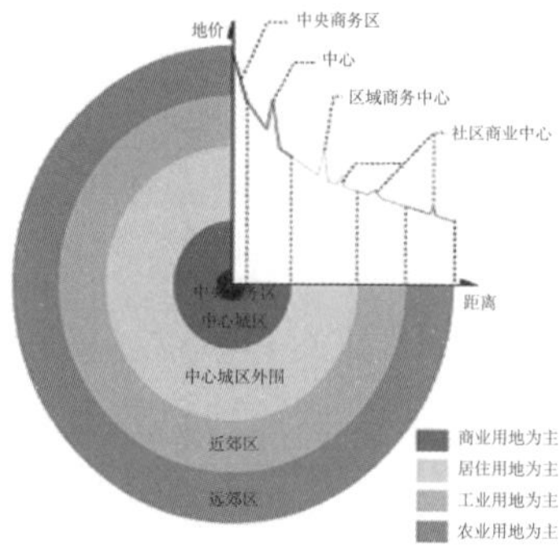

大城市土地利用的空间结构

图 4.4　两幅课本示意图的对比

在学生充分地开展讨论之后，笔者将结论归纳总结如表 4.1。

表 4.1

类别与意义	城市土地利用的同心圆结构	大城市土地利用的空间结构
纵坐标意义不同	纵坐标为土地利用效益	纵坐标为土地价格
土地利用类型划分不同	分为商业、居住、工业、农业用地四类	分为中央商务区、中心城区、中心城区外围、近郊区、远郊区等五类
曲线特征不同 分别代表理想化模型与现实的复杂状况	下降趋势平稳，无波动	在下降趋势中出现波动，对应着城市副中心、区域商业中心等的出现

举一个具体的例子来说明。以上海为例，以南京路、人民广场为代表的市中心以商业用地为主；而外滩、陆家嘴等地区人流最集中、交通最便捷、建筑最密集、地价最昂贵，它们形成上海这个中国最大城市经济活动的中枢，以金融、贸易、会展及商务办公等活动为主，这就是中央商务区。除此以外，上海内环以内的浦西地区整体属于商住混合区，内环与外环之间则已经演变为以居住为主的地区，外环以外的近郊才是以工业用地为主，再往外才是以农业为主的农副产品供应基地。

至于城市的社区商业中心，区域商业中心、副中心，笔者让学生从学校所在的位置出发，想一想、找一找，自己举一个例子来说明，我们附近的什么地方可以算社区商业中心？什么地方可以算是区域商业中心？什么地方可以算上海的副中心？把它们找出来，想明白、想清楚，上述那些概念也就清楚了。

五、城市功能分区、城市空间结构的差异——本质上是相对于理想模型的具体化、复杂化演绎

在城市土地利用的商、居、工、农同心圆结构模型之后，课本又介绍了城市的功能分区。首先要注意的是功能分区中没有农业区，这是怎么回事呢？回到前面的概念，城市是一个与农村相对的概念，因此虽然作为行政区划的城市有农业用地、城市的外围总是过渡为农业用地，但作为城市的功能分区，将农业区排除在城市之外应该说是合理的。其次，功能分区中新出现了文教区和风景区，这显然是在商业等最基本、最重要、最常见功能基础上，城市用地继续发展、分化的结果。

至于城市空间结构的差异，其影响因素分别为：(1)城市规模，这在前文中已经讲到了；(2)城市职能，这可以理解为城市功能的个性化发展的结果，重点是对具体的实例进行对比分析(教材中是将钢铁工业城市鞍山与商业城市香港对比)；(3)自然地理环境，这里人文地理与自然地理密切地结合了，课本中分别列举了山区城市、平原城市、沿海城市、沿江城市，对这些不同类别城市特征的描述与归纳，基本的办法还是做比较。

六、一些相关的思考

在课堂教学的三维目标分析中，“知识与技能”非常具体而实在，“情感、态度与价值观”大体上也能够明确。唯独“过程与方法”，相对而言，教师们感觉不大好把握，在教案撰写中也不大好表述。

先说方法，对于本课而言当然就是比较法，但需要注意的是作为教学三维目标的“比较法”并不仅仅是指教师的教学方法，它还包括学生学习、掌握“城市空间结构”这一节内容的方法；同时，对于该节知识本身，比较法也是相关内容演绎展开的方法。更重要的，比较法是人们研究、认识“城市空间结构”问题的方法。方法在这里并不仅仅是指向知识内容的手段，它本身就是目标，即我们的教学是通过课堂中对“城市空间结构”的学习让学生知道“比较法”，认识“比较法”，学会运用“比较法”，直

至作为普遍的、通用的方法论的“比较法”在学生的心灵深处生根发芽、开花结果。

以上这样的表述给人感觉有些哲学味了，但它还是有别于哲学的纯抽象。我们的地理课堂是针对“城市空间结构”这个具体的问题，具体地运用“比较法”。在课堂学习中，学生体验到“比较法”的频繁运用、反复运用，体验到“比较法”的多角度、多形式运用，体验到通过“比较法”的运用成功地阐释清楚城市的空间结构特征——从理想模型演绎到现实的具体的城市，又在个性鲜明的城市中显示出城市共性的特征与规律。这才是无可替代的地理学科的课堂价值。

如上所言，“方法”似乎把握得不错、表述也清楚。但遗憾的是能如此突出地聚焦于一种具体方法的内容并不多见；换言之，能在一节课的内容中突出地聚焦于一种具体方法是困难的。而即使上述困难可以克服，众所周知，有限的方法面对着无限的复杂的具体的问题，其关键实际在于方法运用的针对性、灵活性、巧妙性和综合性。经常性的情况是，一堂课总要涉及若干种方法，如果涉及得多了，在教案中写哪一个好呢，写什么好呢？在若干种方法中还可以取舍，对于方法之间的配合运用、综合运用、灵活运用又怎么办呢？这本身又成了方法。对于本案例而言，笔者经过努力把“比较法”突出了，但实际上只有“比较法”吗，光靠“比较法”行吗？方法之上，实际应该有更高的综合性的素养的追求。

至于“过程”，则问题更加明显。作为目标的“过程”与教学流程是什么关系？作为目标的“过程”与教案中撰写的教学过程是什么关系？作为目标的“过程”与40分钟的课堂实际过程又是什么关系？在教案的教学目标撰写中，能够用几行字描述一堂课的过程吗？笔者感觉即使是简单的归纳、概述，实际上也很难做得到。何况过程本身还是纷繁复杂、千变万化的。在本文所述的案例中，笔者用了这么长的篇幅算是基本说出了一节课的过程，但它也只是教师设想中的过程，而并没有涉及学生活动的实际过程。也许作为教师，凭经验预想到了某个学生、某类学生的活动过程，但教室中有几十个学生，他们与课本之间、与课件之间、与问题之间、与老师之间，学生互相之间都在发生着作用。其间还要涉及知识与技能，涉及情感、态度与价值观……这是一个多么复杂且充满变数的过程呀！

因此，笔者认为，将“过程与方法”表述成为教育教学的三维目标之一，这种提法本意是强调教学过程本身及相关的方法本身对学生的意义。这个维度的确具有很高的价值，属于对教育工作的较高层次的要求。在教学研究和教学分析中增加这一维度的确非常必要，也非常重要，它们的提出也正是教育教学研究深入发展的体现。与此同时，笔者也感觉，在属于日常操作性工作的教师教案撰写中，按规范必须写出“过程与方法”这一教学维度，其实存在着一定的问题和困难。当然，在现实的操作中，我们可以选择其中最重要、最突出的列举一二，简单地有所交代。但我们一定要明白，“过程与方法”这个维度实际是指向着更高的教学追求的。

第二节　“嫦娥工程”与“月球专题”教学

我国的“嫦娥工程”于 2004 年正式启动。2007 年 10 月，“嫦娥一号”发射并成功实现绕月探测。2019 年 1 月，“嫦娥四号”探测器自主着陆在月球背面，首次实现人类探测器在月球背面软着陆。2020 年 12 月，“嫦娥五号”返回器携带着月球样品返回地球，成功着陆在内蒙古四子王旗预定区域。按照“绕、落、回”三步规划的“探月计划”获得圆满成功，几千年来中华民族的奔月、探月、地月往返梦想稳健地实现了，这一系列举世瞩目的成就多么令人激动啊！

激动之余，笔者想到高中地理“月球专题”的教学。长期以来，约定俗成，我们都把月相作为该专题天然的、绝对的、唯一的教学重点。这样的做法当然有其道理。月相变化是星空中最为明显而又有周期性规律的变化。这种变化还与人类活动有着密切的关系，诸如阴历历法的制定、我国一些传统节日的编排等。同时，因为月相是变化的，这种变化有着较为复杂的时空规律，这样的变化还有着多方面的影响，这又使得它成为教学的难点，并因此具备了较高的教学价值和教学测评价值。与此相反，该专题的其他知识，特别是有关月球概况的知识，因为不具备以上特点和要素，教学中多数时候三言两语就带过去了。

以上的处理方法也是笔者多年所采用的。但随着“嫦娥工程”的提出和实施后，笔者却日益感到某种不甘和不足。作为一项重大的、前沿的、实施中的航天工程,"嫦娥工程"当然是学习"月球"专题时学生们关注的热点,也是期待聆听的兴奋点。但囿于习惯,我们的课堂处理却硬生生地避开学生们的期待与热望。时移世易,回应现实、关照现实,笔者感到"月球概况"实际上也可以适当地展开,也很有探究的价值。

初看上去,月球概况这部分内容比较零散、琐碎,为此,笔者将其归纳为"小轻空静黑伤环"。这几个字有着紧密的联系,很好地把月表环境的各特点串联起来,形成了问题链、逻辑链,试解析如下。

关于"小",月球的质量、体积都比地球小得多,但关键是质量小,只有地球的1/81。因为质量小,所以月球的引力就小(不妨简单介绍一下物理中的万有引力公式),于是就轻。"轻"是指月球表面的重力加速度只有地球的1/6,因此在地球上重60公斤的物体,虽然其质量一样,但在月球上它的重量就只有约10公斤了。因此登上月球的宇航员,即使穿着很沉重的宇航服(地球上的情况),在月球上行走时却是轻飘飘的。宇航员在月球上走路不是跨步行走,而是像袋鼠那样双脚跳跃着行走,这是因为在重量很轻的情况下,双脚跳跃行走更加高效和方便。

因为"轻"(引力小),月球上就没有大气,也没有容易蒸发为气体的液态水。因为气体分子运动的速度是比较快的。设想月球上即使有气体,这些气体分子在速度较慢的情况下(既然是气态,其分子运动的速度就不可能很慢),月亮的引力也不足以吸引住它们,它们会轻易地从月球上逃逸出去,像地球上发射卫星一样。因此月面之上是没有大气的,比地球上一般的人造真空还要"空",所以就没有气压,液态水也不可能存在。因为即使存在液态水,它也很快地会蒸发为气体,然后从月球逃逸出去。

由于"空",所以月球上就很"静",因为声音在没有空气的空间中是无法传播的。地球上的我们能听到声音,那是因为我们的耳膜能感受到空气的震动,我们听到的声音是通过空气的震动传播的。

同样是因为没有空气,也就没有了空气分子对光的散射效应,所以月球上的天空是"黑"的;即使在烈日当空的白昼,月球上的天空也是漆黑一片。因为在月球上,当你的眼睛正对太阳的时候,你的感觉当然是金光灿烂而不是一片黑暗。而且,由于没有大气的削弱,月球上太阳的光芒远比地球上强烈——你的眼睛实际上根本无法承受那样的强光,你的眼睛是会被灼伤。而一旦你的眼睛偏离太阳的方向，你的眼前却会是一片黑暗。当然，如果你的眼睛对准了一颗星星，那你就能看到那颗星星，自然地，它也比我们在地球上看起来的要明亮得多，而且不会有闪烁——这同样是因为没有大气的散射作用。

还是因为没有大气，所以奔向月球的小天体就不会形成流星现象。它们不管大小，都是直直地、硬硬地撞击到月球的表面，一撞一个坑。由于没有空气、没有水，月面上几乎没有外力的侵蚀和搬运作用（但有温差变化形成的风化作用）。因此，那些坑一旦形成，就几乎千年不变。久而久之，月球表面就遍布着陨石坑，成为一个伤痕累累的世界，这就是“伤”和“环”。

由于以上的一系列原因，月球上当然就没有生命，是一个死气沉沉的世界，没有嫦娥，没有吴刚，没有桂花树，也没有小白兔。月面上最显著的特征就是大大小小的环形山密布。它们有的是早期火山喷发形成的（现在已经不再喷发了，因为月球的内部已经完全冷凝），但绝大多数是陨星撞击月球形成的，即陨石坑，也就是我们看到的环形山。月球上的起伏很大，月岩裸露、月壤深厚，这也是因为那里几乎没有外力的侵蚀和搬运作用。因为月球的自转周期是恒星月，长达 27.32 日，所以昼夜更替的周期就长，加上没有大气和水，月表的温差很大，最大相差 300 度。

笔者还注意到，现代人对月相的印象其实远不如古人那样熟悉，对月相的兴趣也远不如古人那样浓厚。同时，月相变化对普通人的意义相比古代其实小了许多。这是因为，月光、月相早已不是现代人依赖和关注的对象，现代的我们夜晚有明亮的灯光、丰富而方便的生活，谁还去盯着月亮看呢？因此，教学中以月相为重点的做法，实际上有些一厢情愿的怀古情思。现代的我们早已不满足于在地上看月亮，我们在实施“嫦娥工程”，我们要奔月、登月，去把月壤取回来研究，要寻求关于月亮的新知识，甚至畅想着向月球移民。

此外，还需要注意的是，我们对于地球的研究、对于地理的研究其实也不是局限于地球自身的视角，而是需要将地球作为太阳系的行星、将地球置于太阳系空间来研究。那么，对于月球这个地球最邻近的自然天体，对它的表面环境及演化过程等情况进行关注，将其与地球进行某些对比，是很具有参考价值和启发意义的。这些正是学生具有极大兴趣且乐于学习的热点知识，是科学前沿不断探究发展中的新知识。它们对学生天然地具有巨大的吸引力。

再说得具体些，诸如月球上昼夜更替的特点、太阳辐射的特点、温度变化的特点、地质地貌的特点、如何探测月球背面等，这些知识还与诸如天文、物理、数学、化学、生物等许多学科密切相关，足以构成复杂的综合性跨学科主题。因此，在月球专题中，月球概况这部分内容其实是应该高度重视的，至少将其作为月相之外稍次的重点来对待，甚至也不妨将其作为重点内容来设计。

当然，如果仅仅停留于相关描述和结论，月球概况的教学价值是非常有限的；如果仅仅要求记住那些描述和结论，则很容易落入死记硬背的俗套和陷阱中。反之，如果我们的教学追求旨在真正地理解那些描述，解释那些状况，则这部分内容的学习需要多学科知识的融合，需要许多知识与技能的迁移运用，这样一来，相关内容的学习价值就很高，学习就很有必要了。

总之，月球是地球之外人类立足的第一个自然天体，是一个完全不同于地球、不同于人们以往经验的新世界，是一个我们越来越接近的新世界，它的相关情况实在很值得我们去关注，去研究，去想象，去体验。

第三节　图表判读及其问题设计

根据地理学科的特点，地理教学中应高度重视图表作用的发挥，要引导学生细致读图，深度读图，综合读图。为此，课堂上可以用精心设计的问题来引导学生读图、用图，并以此激发学生的探究欲望，促使他们进入思维活跃的状态。对此，笔者在“淡水资源的时间分配”教学中体会颇深，试略述于下。

课堂一开始，笔者的引入似乎有点漫不经心、平铺直叙（因为后面问题很多，所以不急）：水资源之所以珍贵，除了其数量有限、空间分布不均，时间分配不均匀也是重要原因。水资源时间分配不均，集中的表现是径流有季节变化和年际变化。由于径流的补给主要是雨水，因此，河流径流的时间变化同河流所在地区（实际应该是流域所在地区，此处适当简化）的气候特点有着密切关系。

于是，课堂就进入关键的正题。反映气候特点有我们熟悉的气温、降水月份分配图（图 4.5）。请学生们比较一下各气候类型降水的季节分布特点。降水月份分配最均匀的是哪一种气候？显然是温带海洋性气候。其次呢？

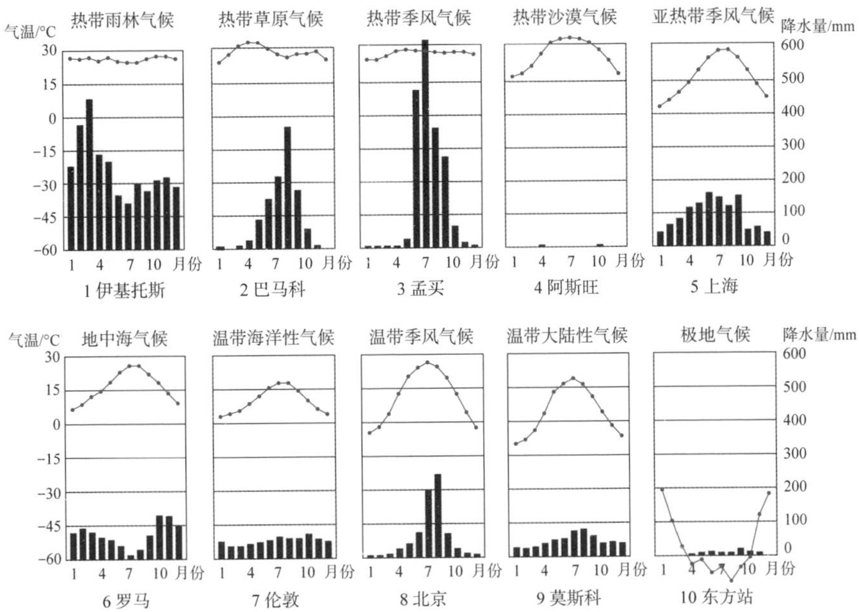

图 4.5　各地气温、降水月份分配图

此时，许多基础不太扎实，对气候类型特点的归纳不熟悉的学生，往往会就图而论，回答是亚热带季风气候、热带雨林气候、地中海气候等各种答案。对此，教师不必着急，别忙着武断地“纠正”学生，也别忙着把正确的答案硬塞给他们。因为这些不太正确的结论，毕竟也是学生观察的结果、读图的结果。

笔者的做法是请学生们看一看教材上权威、科学、准确的描述：热带雨林气候和温带海洋性气候区，径流资源的季节分配比较均匀。地中海气候、季风气候、热带稀树草原气候、温带大陆性气候和亚寒带针叶林气候区，径流量的季节变化明显。这与学生读图得来的结论有点矛盾。

怎么回事呢？笔者说明如下：如图所示，对于热带雨林气候，降水最少的 6 月实际上也达到 120 多毫米，相当于上海的最大月降水量，其实是不少的。既然最少的月份其实也不少，所以整体上说就是比较均匀的。另外，如果将各气候类型的最大月降水量除以最小月降水量，比较一下它们的倍数大小，显然，季风气候、地中海气候降水的季节变化都是很大的。亚热带季风气候的特点是夏季高温多雨、冬季低温少雨。

接下来，再由整体转入部分、由全球分析转入对我国的分析。由于我国的气候受季风影响很大（非季风区总体降水有限，可先按下不表），因此，总体上我国水资源的季节变化很大。请看图2，请分析我国北方的温带季风气候（北京），问：降水量最大的是几月份？8月。其次呢？7月。再次呢？5月、9月。接下去，可用同样的方法读图分析亚热带季风气候（上海）的情况。

读图4.6是对我国有北方气候特点的分析，相比读图4.5，显然，这是由前面初步的面上的概括分析转入了深入的细致的点上的分析；前面只是区分了均匀、不均匀，此处则具体说明了什么季节（月份）多、什么季节少，前后呼应、彼此借用，形成一种递进的关系。接下去就非常顺畅自然了，将上述的读图结果转化为语言描述，学生很容易就接受结论。我国季风区河流径流量的特点是：夏秋多、冬春少。

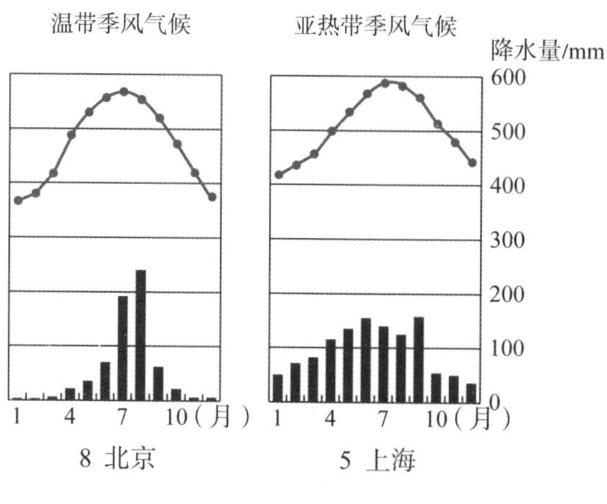

图4.6 北京、上海气温、降水月份分配图

那么上海地区与北京地区又有什么不同呢？由此转入对我国南方、北方的差异分析。此时学生已较为充分地知晓、熟悉了读图比较的方法，结论也不难得出。教师则只需要适当地加以补充说明并解释原因：给我国带来降水的是暖热湿润的夏季风，而夏季风每年从南吹到北，故我国南方汛期开始得早、结束得晚，北方则开始得晚、结束得早。总体来说，尽管都是夏秋多、冬春少，但北方的集中度更大、降水总量则比南方少。

接着引入图 4.7。教材将这部分内容列在水循环之后，笔者觉得将之挪移到此处，效果也很不错。请学生比较闽江（代表我国南方）、饮马河（代表我国北方）径流量的季节变化特点。

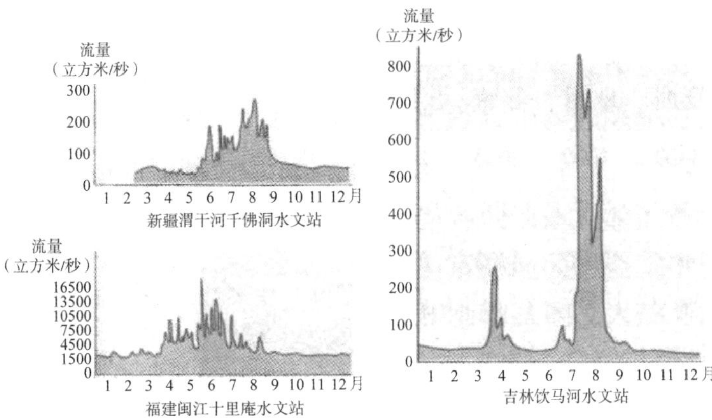

图 4.7　河流径流的季节变化

闽江水量较大的月份约从 4 月到 8 月，饮马河则只有 7 月和 8 月两个月。这既证明了上述的分析，同时又用一种变化了的形式来印证上述内容。课堂中，这种形式相异的内容反复有利于学生牢固、灵活而又深刻地形成印象。

探究的问题还远远没有结束，接着提问：饮马河 3、4 月份的水量形成一个波峰，这是怎么回事呢？难道这里 3、4 月份就有降水了吗？此时，学生也许要想：这些图怎么会有这么多奥妙啊？老师怎么会有这么多的问题啊？这里需要分析思考，更需要想象猜测。由此演绎下去，就进入了对河流春汛的学习。令人惊异的是，居然有学生能够说出那是因为东北山区春天天气变暖，冬季的积雪融化形成了春汛，估计是事先预习了课本（值得鼓励），或者有过实际的或阅读的经历（值得表扬）。

笔者请学生们继续读图思考，提问：这流量图上 4、5 月份的波谷又是怎么回事呢？再看天山南麓，新疆渭干河的水主要从何而来？这里会有很多雨水吗？不会，它的水主要来源于天山冰雪融水。那么，它与饮马河的春汛有共同点，可是，它在4、5月份为什么没有出现波谷呢？它7、8月份的波峰又是怎么回事呢？它1、2月份的水量是多少？这又是怎么回事呢？大家能概括这条河的流量特点吗？

笔者请学生们闭上眼睛，凭印象和直觉来猜一猜，三条河中谁的水量最大？谁的水量最小？（许多学生会以为饮马河的水量最大）

学生睁开眼睛再仔细地看一看，明白正确的答案时，恍然大悟。学生从这个过程中学到的，可比我们提醒无数遍仔细看图都管用，而且也有价值得多。

课后想来，这堂课通过三幅图表的组合运用，通过结合图表精巧的提问设计，一系列似乎零碎的内容就被串联起来，充分地显示出内在的逻辑性与紧密联系。随着教学过程的自然演进，学生在课堂中的读图由粗到细、由被动到主动、由浅显到深刻、由单纯直观到复杂综合。这样的课堂自然不会显得单调、枯燥，更不会成为学生的负担，而是趣味盎然、生动活泼。

进一步想来，读图、用图在地理教学中一直占据着非常重要的地位，有着不可替代的强大功能和作用。怎样读好图、用好图可以说是地理教学研究独特而异常重要的课题，也常常在实际教学中成为一堂课成功与否的关键。地理教学中的读图、用图绝不是简单地看图、枯燥地背图，地理教学中图表的作用也绝不应该仅仅是文字表述内容的直观化、形象化。

为了具体而深入地落实课程目标，提升学生的地理核心素养，笔者认为，地理教学应该多设计一些综合性、组合性、系列性的读图活动，并以系列的问题引导读图，以读图贯穿、串联全课的内容。这样才能够促使学生在课堂上主动思考，才能促使学生对图表进行积极细致的阅读，进而对该图所得进行认真努力的比较、分析。这样的图表运用才能促使学生既掌握知识，又训练培养能力；既熟悉有关知识的结论，又真实地经历综合运用相关方法得出结论的过程。这样的课堂教学才能深刻地影响到学生的情感与态度，并促使他们逐渐形成正确的、科学的价值观。

第四节　单元教学中的归纳与串联

根据《中学地理单元教学设计指南》的论述，单元教学设计主要针对知识“碎片化”问题，目的在于实现教学内容的结构化。为此，单元教学必须依据课程标准或课程基本要求提炼出主题，进而围绕主题选择并组织学习材料，以形成课程单元教学相对完整的子系统。单元教学活动主要指向地理核心内容、关键能力及学科的深层思维。

王万燕老师提出单元重构的目的是让学生获得系统性的知识，发现知识之间的关联性，建构起解决问题的一般路径。由于很多知识与技能生成的思维活动都是隐性的，因此需要通过图示或者语言表达的方式展现隐性的思维结构、思维路径和思维过程，使思维可视化[①]。严格地说，思维作为大脑的活动，一般都是隐性的，至少是难以完全可视化的。王老师的意思显然是指，应努力将伴随并反映思维过程与结构的语言及其他行动表现显性化、可视化。

尽管如此，“隐性思维过程可视化”的提法无疑还是具有重要的意义的。首先，它使学生的思维活动、思维过程从课堂教学的后台走上前台，这样它就更容易引人瞩目，甚至因为成为焦点而得到加强。其次，地理核心素养中的价值观、必备品质、关键能力等一般都体现在学生的思维与活动中，而非体现于现成的知识内容的掌握上——即便是知识内容的掌握，也受制于学生自主的认知建构系统，因人而异。因此，单元教学中强调思维的可视化更有益于学生核心素养的养成，能更有效地促进核心素养的不断发展与进阶。

不过，笔者也认为，碎片化知识与系统性知识的关系还是要辩证地看待和处理。只见树木、不见森林当然是低级的认知层次。但反之，会不会出现只见森林、不识树木的情况呢？不识树木会不会严重地妨碍对森林的认识呢？这些显然都是值得注意、值得重视的问题。

① 王万燕.思维可视化视角下的高中地理单元重构教学设计[J].地理教学，2020(1)：19－23.

实际教学中，多数教师倾向于把单元教学安排在复习课中，而新课教学还是以认识“树木”为主。因为单元教学是需要一定的认知基础的，它的目标是指向更高的认知与活动层次。从现行上海高中地理的教学情况看，对于高二选择参加地理等级考试的学生，学校安排的课时一般都比高一必修学习的课时更多。但单就内容而论，高二地理拓展课的内容其实并不多。那么，多出的课时在做什么呢？主要就是对高一必修的内容进行深化学习，以使之结构化、系统化并实现情景化运用。为此，感觉课时不够的教师不在少数。在这个阶段，单元学习等较高层次的教学模式才具备大显身手，充分地发挥作用的机会。

新课标在内容体系的设计导向上，必修的内容设置倾向“宽而浅”，选择性必修才进一步追求“深而透”。这似乎正是对上述客观情况的总结与回应。立足于上海现行的地理课程体系，单元教学确实比较适合高二的复习课、拓展课教学。为此，针对具体的单元提炼出关键问题，归纳出关键线索，以之串联形成知识的结构化体系，进而实现相关知识自由地情景化运用，这应该成为单元教学的现实目标。下面试以“大气运动”为例进行具体说明。

一、风怎么吹？

将大气运动作为一个教学单元看，内容实际非常多，也比较繁杂，比较难理解。其中核心的问题之一，就是“风怎么吹”。大气运动主要的表现就是吹风，那风怎么吹？这个问题分解开来包括：我们学过哪些风？这些风分布在哪里（分布规律）？这些风是怎么形成的（成因）？所有这些问题，每一个回答起来都不轻松。如果对学生的答案进行评分，学生的平均得分都不会太高（除非有过特别的准备）。

但对于“风怎么吹”的回答其实可以非常简单，就是：从高压向低压吹。季风环流是如此，行星风带是如此，气旋、反气旋也是如此，世界上的风都是如此。这个问题正是大气运动的关键问题，问题的答案则是大气运动的基本原因。此时，如果呈现一幅气压分布图（见图 4.8）给学生，让他们判断不同地区的风向，比较不同地区的风力大小，引入这样的情境显然是非常合适的。

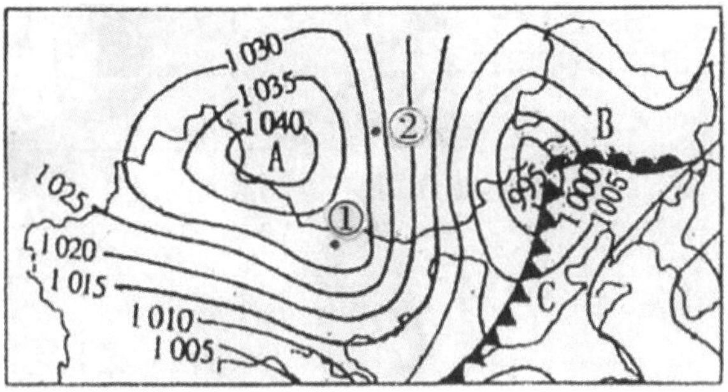

图 4.8　判断②处的风向，并比较它与①处的风力大小

自然地，接下来“风怎么吹”这个问题就演化为高压、低压怎么形成，怎样分布？进而串联到热力环流、行星风带这些内容了。在热力环流模式中，高温气流升，上升气流散，于是，在受热多、气温高的地方就会形成低压；反之，则形成高压。行星风带是附加了地转偏向力等因素的全球性热力环流，季风环流则是行星风带背景下海陆热力差因素及太阳直射点南北移动作用的结果。气旋、反气旋则是局部的、尺度较小的空气运动系统（见图 4.9）。

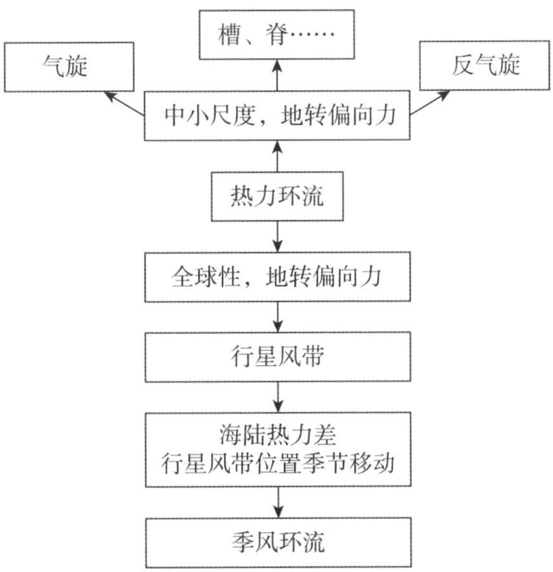

图 4.9　热力环流与大气运动

如图 4.10，行星风带的气压分布模式是"零三六九，低高低高"。在地转偏向力作用下，南北半球各形成一个西风带和两个东风带。其中北半球的西风带吹西南风，东风带吹东北风（极地东风和东北信风），如果合称为"西南、东北风"，则它就分别与南亚地区的夏季风、冬季风的风向类似。相应地，南半球的行星风带如果合称为"东南、西北风"，则它是与东亚地区的季风风向类似。这可简记为：北半球似南亚——西南东北风；南半球似东亚——东南西北风。

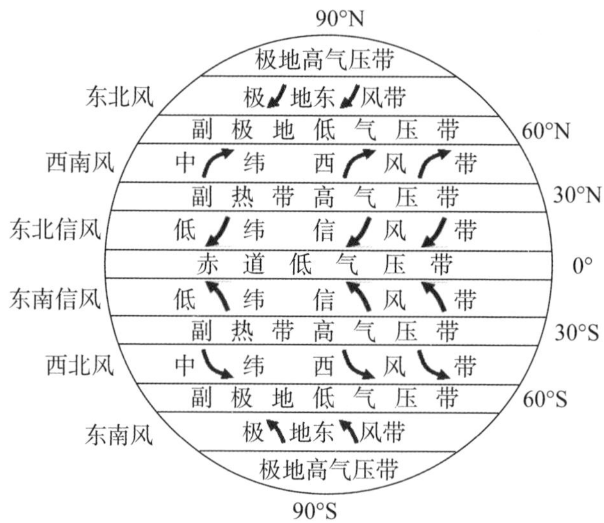

图 4.10　行星风带

以上这样的简记与合称，将行星风带与季风风向特征进行串联记忆并不是死记硬背。因为风形成的原理在其中，具体的风的形成如何推导，相应的思维过程也在其中。而在此基础上对林林总总的风进行分类、归纳、对比、串联、合并，这何尝不是观察的结果、思维的结果呢？而经过这样的"分类、归纳、对比、串联、合并"，学生当然就对"风怎么吹"更加熟悉，印象深刻，记忆也更加有组织性、系统性。而且，只有在熟悉环流大背景的情况下，学生面对复杂现实情境问题，面对"不良结构"问题时，他们的地理核心素养才有可能表现得得心应手、游刃有余。否则，大背景不熟、大方向没有，对于具体问题的认知水平也不可能高。

问题还在于，以上歌诀式的现成结论，学生有兴趣记、愿意记，能记住最好，没记住或记住后忘记了其实也不要紧。因为核心的原理“风从高压往低压吹，北半球向右偏，南半球向左偏”是清楚明白的，它们就在那里，一切都是可以重新推导和演绎的。就如“台风中心位于某地正东方向时某地的风向”这类问题，其实根本不必死记“台风气流逆时针辐合、台风西部吹西北风”这类结论（当然，记住也好，直接就有结论）。根据原理，台风是低压，则位于台风中心西部的某地应吹西风（气压梯度力作用）；台风是西北太平洋的强热带气旋，当然位于北半球，地转偏向力应向右，于是，西风偏转为西北风。至于地面摩擦力的影响，一般可暂不考虑。

二、雨怎么下？

降水与大气运动如影随形、关系密切。某种意义说，降水实际也算是大气运动的一种形式、一种表现。降水怎么形成，怎样分布？这些是有关气候、天气及大气运动分析的常规问题。但地理课程中一般并没有专门的章节讨论降水问题，也只有在单元学习的归纳与串联梳理中，学生有关降水的系统性认知才能够形成。课堂中，笔者习惯用通俗化的“雨怎么下？”来指代降水问题。

雨怎么下？根据现行的高中地理课程内容，大致可以列出这样几条：(1)在低压控制，盛行上升气流时下；(2)在吹海风时下；(3)在锋面过境时下；(4)在山地的迎风坡下。前面三条说的是时间条件，第四条说的是空间条件，似乎有所不同。但实际上，对每一条来说，时空要素都是综合在一起的。如把第一条改成“雨在低压控制、气流上升处下”，这同样是正确的，而且也几乎是同样的意思。

以上的四条可以进一步归纳、简化成一句话：雨，在含有充足水汽的空气变冷时下。而造成空气变冷最经常的原因，正是空气的上升运动。对流雨、锋面雨、台风雨、地形雨，它们的形成都伴随着空气的上升运动。因此，也可以说成：雨在含有水汽的空气抬升变冷时下。在行星风带及气旋、反气旋等“良好结构”的降水讨论中，可用“低压升阴雨”来描述，即在低气压控制的地区,垂直气流上升,多出现阴雨天气。反之,则是"高压沉晴朗"。

于是,从空间分布来说,赤道是多雨带、副极地是多雨带、锋面处是多雨带,而副热带、极地、内陆地区则是少雨带,这些都可以很顺理成章地推导出来。从时间分配来看,赤道低压、西风带控制时多雨,吹海风时、台风季时多雨,反之高压控制、吹陆风时则少雨,这同样可以很自然地推导出来。笔者发现,只要紧紧地把握住"雨在含有水汽的空气抬升变冷时下",经过以上的推导、对比,那些我们教师认为天经地义的自然结论就能在学生的认知结构体系中扎根生长、开花结果。

大气运动部分的教材内容、"良好结构"问题对许多学生来说就已经相当不容易,非下一番功夫才能弄得清楚明白。而有关这个内容的情境化的"不良结构"问题,试题的区分度自然就更高了。如根据年降水量分布图,分析蒙古国南北水分差异的主要原因。

之所以说这是个"不良结构"问题,首先,蒙古国降水北多南少,这与学生熟悉的我国东部及东亚地区降水南多北少就存在着认知冲突。其次,我国东部地区的降水主要来自东南季风,那么蒙古国的降水来源于什么风输送的水汽呢?最后,蒙古国深居内陆,西风和东南季风都不太可能给它输送水汽,它又不是位于低气压带,那么,它的雨是怎么降下来的呢?根据其纬度位置、海陆位置,行星风带、季风环流,这些知识在这里似乎都用不上。教材内容中跟蒙古国有关的就一条:它是亚洲高压的中心。但这也不能用来解释该国水分的南北差异呀!

其实,蒙古国降水的水汽来源是北冰洋,自北而来的水汽在蒙古北部受地形抬升而形成较多降水。回头来看,首先蒙古国降水北多南少,这是题目提供给我们的事实。为此,夏季风的因素必须排除;由于所处位置已经是东亚,因此西风、大西洋水汽的因素也应该排除。再紧紧把握住"雨在含有水汽的空气变冷时下"这个根本原理,可推导除了来自北冰洋的水汽还能有什么水汽呢?尽管来自北冰洋的气流是从纬度较高、较寒冷的地方吹向纬度较低、较温暖的地方,一般来说不会形成降雨。但它毕竟来自北冰洋,是含有一定量水汽的。同时,在迎风坡形成上升气流时,气温降得更低而形成降雨也是完全说得通的。这跟天山北坡夏季有暴雨是同样的道理。此外，因蒙古纬度离北纬60°尚远，极地东风的概念不宜出现；具体地区的实际风向其实要比大气环流模式复杂得多，这应该是可以理解的。

三、气候怎么形成？

气候特点一般从气温和降水两方面来描述。某种意义上，各气候类型的形成，其特点、分布、成因，都是大气运动的表现与结果。特别是降水特点，如果弄清了“雨怎么下”，具体地区和具体气候类型的降水分析都不成问题。而气温特点的最根本原因则是纬度位置和海拔。如前所述，气温所反映的热量差异也正是大气运动的根本原因；同时，反过来，大气运动的意义、结果也影响不同地区的热量条件与水分差异。

如果暂时地排除海拔、地形这个非地带性的因素，气候形成的主要原因显然就是纬度。纬度确定，则一个地方的热量条件就基本确定；同时，其所处地区的大气运动形势也基本确定，只不过在陆地面积广大的中低纬地区，还需分别考虑西岸（行星风带影响）、东岸（季风环流影响）与内陆（输送水汽的海风难以到达）的差异。此外，纬度还影响气候的季节差异特点，热带是长夏无冬，寒带是长冬无夏，只有在温带，四季分明，季节差异明显。

于是，气候分析的思路就清楚了（见图4.11）。首先，一定是看纬度。其次，如果是中低纬，必须再看海陆位置，特别是对亚欧大陆至关重要。一般来说，以上这两点是气候分析中最重要、最基本的。海拔高低当然也可能成为气候形成的最主要原因，如青藏高原，但这显然是特殊情况，是非地带性因素，而非普遍性规律。同样，地形雨需要将盛行风与地形结合起来考虑，其中盛行风是大背景，而地形是特殊的、非地带性因素。洋流对沿海地区气候的影响可能非常大，但我们知道，洋流形成的主要原因也是行星风带，其分布也是有纬度规律的，只不过在大洋的东西两岸分别是寒流、暖流，情况迥然不同。

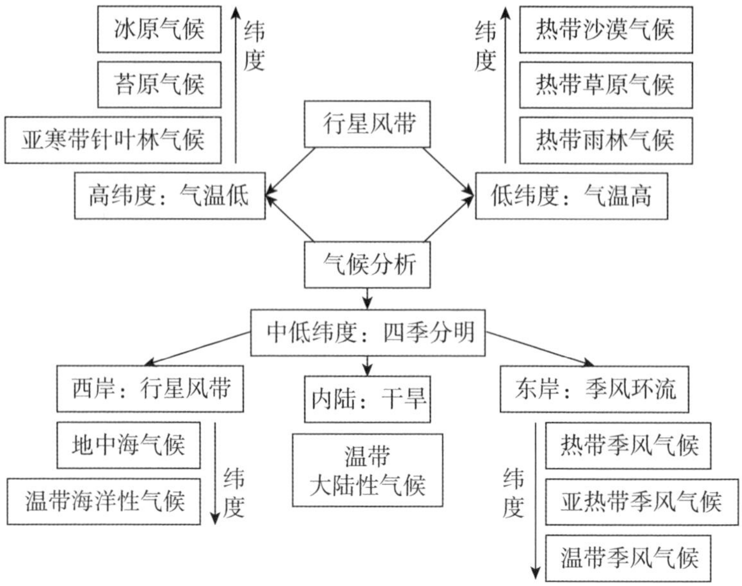

图 4.11　气候分析的思路与模式（排除非地带性因素）

四、回顾与总结

本单元教学，笔者用三个通俗化的提问引起。

首先是“风怎么吹”。分析中将之归结为气压差的存在，进而基于热力环流原理分析气压差的形成，于是串联起行星风带、季风环流以及气旋、反气旋等天气系统。

其次是“雨怎么下”。降水本质上是空气中水汽的冷凝，然后从大气水变为地表水。它是大气运动的一种表现，也是大气运动的一种结果。通过分析水汽来源与冷凝原因，揭示出它与“风怎么吹”实际上有着因果关系。当然，这种因果关系是以大气运动的某些具体表现为中介。

最后是“气候怎么形成”。如果把无风看作吹风的特殊状况，把无雨看作降水的特殊状况，明确某地“风怎么吹”“雨怎么下”后，则该地的气候状况也就基本清楚了。当然，气候分析中的热量条件、气温变化也是极其重要的，它们主要受纬度及海拔高低的影响，只不过这样的影响较为简单直接，比较容易理解，一般来说不形成难点。

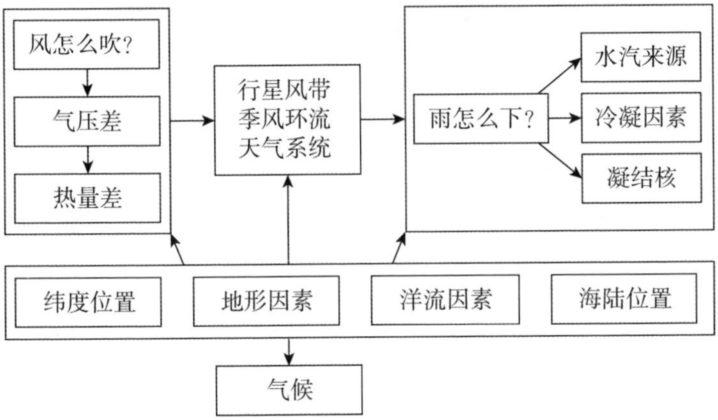

图 4.12　大气运动单元学习结构

总体而言,大气运动与气候分析是高中地理学习中的重点和难点。难就难在其多因素影响下较为复杂的综合性,不论是要素综合、时空综合还是地域综合,都较为复杂。相关“不良结构”的现实情境问题更是层出不穷,再考虑气候本身的波动性,以及人类活动的影响,天气、气候问题就更复杂了。

面对上述的复杂与挑战,本单元复习的归纳、串联能起到什么作用呢?除了实现相关知识的结构化、组织化,更重要的是,本课抽象出了单元的核心问题,找到了问题分析的可靠路径。即从纬度位置、海陆位置入手,分析给定区域的风怎么吹、雨怎么下,并辅之以地形和洋流因素的综合思考。这些,似乎正是本单元的核心内容、关键能力与深层思维之所在。把握住它们,在面对各种情景化问题时就有了明确的方向、可靠的路径。

第五节 “国家重大区域发展战略”的教材比较与教学分析

《普通高中地理课程标准(2017年版)》必修内容要求的2.7为“以国家某项重大发展战略为例,运用不同类型的专题地图,说明其地理背景”①。由此,“国家重大发展战略”正式进入高中地理课程。因为这是一个全新的内容,所以,很有必要对其在课程中的地位与作用进行具体的分析,进而对该节内容的课堂教学实施进行探讨。

国家重大发展战略是指由中共中央和国务院确定的战略,具有战略性、长期性和可持续性,如长江经济带发展战略、京津冀协同发展战略、粤港澳大湾区建设战略、“一带一路”建设倡议、海洋发展战略、黄河流域生态保护和高质量发展战略等。本节主要讨论其中的国家重大区域发展战略。对此,各版本教材(人教版②、中图版③、鲁教版④、湘教版⑤和沪版⑥)都给予了高度重视,并选取重点案例编排为专门的章节。

一、从各版本教材的编排情况看该部分内容的地位与作用

根据新课标编写的教材现有五种,表4.2列出它们对“国家重大区域发展战略”的编排情况。

---

① 中华人民共和国教育部.普通高中地理课程标准(2017年版)[S].北京:人民教育出版社,2018:10.

② 人民教育出版社,课程教材研究所,地理课程教材研究开发中心.普通高中教科书地理(必修)第二册[M].北京:人民教育出版社,2019.

③ 中国地图出版社.普通高中教科书地理(必修)第二册[M].北京:中国地图出版社,2019.

④ 山东教育出版社.普通高中教科书地理(必修)第二册[M].济南:山东教育出版社,2019.

⑤ 湖南教育出版社.普通高中教科书地理(必修)第二册[M].长沙:湖南教育出版社,2019.

⑥ 中国地图出版社.中华地图学社.普通高中教科书地理(必修)第二册[M].北京:中华地图学社.上海:中国地图出版社,2020.

表 4.2　各版本教材对“国家重大区域发展战略”的编排情况

教材	章节安排	承前知识	后续知识	选用案例	备注
人教版	第五章“环境与发展”第三节（末章末节）	可持续发展	（无）	长江经济带	以“建设主体功能区”作为总论
湘教版	第四章“区域发展战略”第二节（倒数第二章）	交通运输与区域发展	人地关系与可持续发展	长江经济带、京津冀协调发展	以“我国宏观发展格局”作为总论
中图版	第四章“国土开发与保护”第一节（倒数第二章）	交通布局与区域发展	地理信息技术运用	京津冀协同发展；长江经济带以“案例研究”形式出现	无总论，全章较偏重海洋战略
鲁教版	第四单元“环境与发展”第二节（末单元倒数第三节）	交通运输与区域发展	走可持续发展之路	长江经济带	无总论
沪版	第四章“区域发展战略”第二节（倒数第二章）	交通运输与区域发展	人类面临的主要环境问题	长江经济带	以“我国区域重大发展战略”作为总论

就各版教材编排的共同点来看，很能说明“国家重大区域发展战略”在高中地理课程中的地位与作用。

首先是总结性。高中地理的必修 1 以自然地理知识为主，必修 2 以人文地理知识为主。“国家重大区域发展战略”毫无例外地编排在上述两部分内容之后——多数紧承于产业区位条件之后，并特别突出了与交通运输发展的关系。这是因为国家重大区域发展战略的地理背景既包括自然环境与资源等自然要素，也包括社会、经济、环境等人文要素，还涉及区域开发、环境整治、生态文明、防灾减灾、可持续发展、区域协调等。因此，“国家重大区域发展战略”的教学就自然地对整个高中地理的主体、核心知识具有总结、归纳与印证的作用。

其次是应用性与综合性。上述的总结作用当然不是简单、直接的总结，而是层次更高的应用性总结，是对已学知识、技能的综合性应用，因而也反映地理核心素养综合性进阶的要求。所谓“运用不同类型的专题地图”，实际就是需应用此前学习过的各类部门地理知识，以此来共同、综合地说明“国家重大区域发展战略”的地理背景。

最后是案例性。在地理学科中，具体的区域案例有着很重要的作用与地位，实际上，没有区域就没有地理学①。但由于课时限制和课程编排的原因，高中地理以部门地理知识为主；而区域发展战略正好成为一种弥补，它是最典型、最现实、最生动的区域地理学习案例。特别是从人文地理知识应用角度，从综合性及实践性角度看，“国家重大区域发展战略”的案例性作用是非常重要而突出的。

二、各版教材选用专题地图比较

所谓专题地图，是指在地理底图上按照主题要求，突出并完善地表示某一主题及与之相关的一种或几种要素，使内容专题化、用途专门化的地图。专题地图的系统制作和使用说明人们对地理认识的深入化、具体化和综合化，也说明地理学习进入到新的更高级的层次。

分析、比较各版本教材在“国家重大区域发展战略”一节中专题地图的使用情况，有利于深化对课标相关要求的认识，并在对各版教材个性化特点认知与理解的基础上，超然于具体教材内容，更科学有效地设计和实施该节教学。

综观五个版本教材，在对“国家重大区域发展战略”的编排处理上，湘教版、鲁教版和沪版主要以长江经济带发展战略为例，人教版和中图版教材则有所不同。这使得它们在专题地图的选用方面也呈现出较明显的差异。

---

① 白光润.地理科学导论[M].北京：高等教育出版社，2006：292.

（一）湘教版、鲁教版和沪版教材中的专题地图比较

除长江经济带区域的专题地图，三版教材中都还包括一些其他地图或图表，如表4.3。

表4.3　三版教材中的专题地图及图表

教材	有关长江经济带的专题地图	其他专题地图或图表
湘教版	1.长江经济带范围示意；2.长江经济带地形和矿产资源示意；3.长江经济带交通网络分布示意；4.长江经济带产业分布；5.长江经济带空间格局示意	1.“渝新欧”国际铁路联运大通道示意；2.我国改革开放的时空发展战略示意；3.我国四大地区分布；4.我国四大地区发展基本情况（表）
鲁教版	1.长江沿岸国家历史文化名城及主要旅游景区；2.长江经济带位置和范围示意；3.长江流域主要工业中心示意；4.长江经济带各省市常住人口、地区生产总值示意；5.长江干流各河段通航能力及主要港口分布示意；6.长江经济带交通干线与城市群示意；7.长江经济带发展新格局示意；8.长江流域水质分布示意	1.我国主要河流多年平均径流量（柱状图）；2.长江经济带各省市产业结构（柱状图）；3.2005—2015年长江干流货运通过量及增长率（柱状图）
沪版	1.长江经济带在中国的位置；2.长江经济带地形和矿产分布；3.长江经济带水稻种植区及珍稀物种分布；4.长江干线重要港口分布；5.长江经济带交通网络；6.长江经济带空间规划及双向开放示意	1.巴西利亚在巴西的位置；2.改革开放以来中国的区域重大发展战略；3长江干线重要港口间里程（表）；4长江经济带内部、外部地区生产总值比较（饼图）；5.长江经济带各省产业结构对比（柱状图）

各版教材在专题地图及图表呈现中的共同点如下：

第一，都有长江经济带的区域位置和范围示意图。原因在于，一方面位置和范围是区域研究最基本的要素和起点；另一方面，区域的位置和范围也只有通过示意图才能得到充分而直观的显示。

第二，都有长江经济带发展战略的规划格局图。该规划格局文字表述为“一轴、两翼、三极、多点”（沪版图中还增加了“海陆双向开放示意”的内容）。在这样的规划格局图中，城市群、城市带的空间形态一目了然。

显然，这种文字本身就是对规划图的描述，它是必须配上规划图的。对于地理学科来说，地图这个地理学的独特语言确实不可或缺。

第三，都特别重视交通要素。各版教材中都有综合性的交通网络图，主要反映水运、铁路、公路交通。其中，鲁教版还增加了机场分布，甚至包含中缅油气管道线路。当然，长江经济带作为“具有全球影响力的内河经济带”，水运是最重要的。为此，鲁教版另有专门的“长江干流各河段通航能力及主要港口分布示意”图及“长江干流货运通过量及增长率”柱状图。沪版则另有“长江干线重要港口分布”图及“长江干线重要港口间里程”表。

事实上，交通运输对区域发展战略的影响的确是至关重要的。没有发达便利的交通及由此形成的相当强度的物流与人流，则区域就难以成为一个关系密切的整体并获得繁荣与发展。在章节编排上，除人教版外，“国家区域发展战略”都是紧接在“交通运输与区域发展”之后，这也说明它们之间具有密切的关系。

第四，都着重反映以制造业为主的产业发展。湘教版中有“长江经济带产业分布”图。鲁教版中有“长江流域主要工业中心示意”及“长江经济带各省市常住人口、地区生产总值示意”图。沪版的该内容未用地图表示，而用的是“长江经济带内部、外部地区生产总值比较”饼图和“长江经济带各省产业结构对比”柱状图。

这也很容易理解，因为区域发展主要的表现就是经济发展，这之中，制造业又是居于主导地位的产业。只有制造业得到充足而有效的发展，社会生产的整体效率才能得到切实提高，区域整体的发展才具备坚实的基础。

各版教材所呈现的专题地图与图表也有几点不同。

首先，数量与构成不同。湘教版有关“长江经济带”的专题地图最少，只有 5 幅；另有一幅“我国四大地区分布”图反映区域发展整体战略规划，一幅“我国改革开放的时空发展战略示意”（非地图，反映各历史阶段的区域发展规划），一幅作为本节内容引子的“渝新欧”国际铁路联运大通道示意图，以及“我国四大地区发展基本情况”统计表。

鲁教版有关“长江经济带”的专题地图共有 8 幅，数量最多；而且，在另外的 3 幅柱状图中，一幅是“长江经济带各省市产业结构”，一幅是“2005—2015 年长江干流货运通过量及增长率”，都是关于长江经济带的；只有“我国主要河流多年平均径流量”是全国性的，当然，也可以把它看成长江与我国其他主要河流的径流量比较。因此，从图表数量就可看出，鲁教版对长江经济带表现最集中、着墨最多的，篇幅达 9 页之多。

沪版中有关“长江经济带”的专题地图有 6 幅，另有经济统计类的一幅饼图、一幅柱状图，以及“长江干线重要港口间里程”表。此外，就是作为本节引子的“巴西利亚在巴西的位置”图，以及反映改革开放以来各时期中国区域重大发展战略时空演进的示意图。

其次，在有关“长江经济带”的专题地图中，湘教版与沪版都编入一幅“长江经济带地形和矿产分布”图，用于说明该发展战略的自然地理背景，鲁教版则没有相应地图。当然，这并不意味着鲁教版教材忽略长江经济带发展的自然地理背景说明。实际上，以上版本教材都没有对长江经济带的自然地理背景做全面的系统性描述。

这可能是出于两个方面考虑。一是认为学生对相关自然地理背景应该是有基础的，即便对具体内容的了解有所欠缺，但学生应该已经具有初步的自然地理自学能力，可以通过查阅包括专题地图在内的相关资料来自主建构知识。二是刻意回避地理“八股式”的内容编排，否则，气候、地形、水文……这么一路排列下来，也的确显得老套。

最后，在沪版“长江经济带自然环境是‘生命共同体’典范”为题的阅读材料中，附有“长江经济带水稻种植区及珍稀物种分布”图；鲁教版则在“长江生态环境保护”的“活动”栏目中配有“长江流域水质分布示意”图，包括作为引子的“长江沿岸国家历史文化名城及主要旅游景区”。这些可算是具有特异性的专题地图。

（二）人教版和中图版的情况

人教版所用的例子也是长江经济带发展战略，但教材中的相关地图只有两幅，这两幅也是前述三版所共有的，一幅为“长江经济带的范围示意”，另一幅为“长江经济带发展战略示意”。人教版教材的特色在于，作为“国家区域发展战略”的预备知识，它花了相当的篇幅来介绍“建设主体功能区”，为此，配有“我国主体功能区建设的地理背景”组图，包括“我国人均可利用土地资源评价”“我国人均可利用水资源评价”“我国生态脆弱性评价”“我国2010年单位面积生产总值分布”4幅专题地图；另外就是“中国主体功能区分布示意”图，图表则有“中国主体功能区分类示意”。

中图版是唯一以“京津冀协同发展”为例的，但它在“案例研究”栏目中也有“长江经济带”的内容。为此，配有“长江经济带地理位置示意”和“长江黄金水道布局示意”两幅专题地图。

在“长江经济带发展战略”之外，湘教版对“京津冀协同发展战略”也是单列介绍的，因此可以和中图版进行比较，如表4.4。

表4.4　有关“京津冀协同发展战略”背景说明的专题地图及图表

教材	有关京津冀协同发展的专题地图	其他专题地图或图表
中图版	1.京津冀地区位置；2.京津冀地区地形；3.京津冀地区地下水资源开采情况；4.京津冀地区人口密度；5.京津冀地区工业分布；6.京津冀综合交通规划	1.北京市域的国道示意；2.雄安新区区位示意；3.首都地区环线高速公路示意；4.京津冀三省市人均地区生产总值及三大产业比重（比较表）；5.京津冀地区生态系统协同治理路径（示意图）
湘教版	1.京津冀地形分布；2.京津冀交通分布；3.京津冀人口密度分布；4.京津冀协同发展定位	雄安新区地理位置

两版教材都用到的专题地图共有四幅：地形图、交通图、人口密度图、雄安新区图。交通图与雄安新区图的采用顺理成章，无须多说。之所以编入地形图，应该是因为地形是造成该区域总体特点和区域内差异的最重要的自然地理背景。而作为对人口密集区优化开发新模式的探索，人口分布显然就是该发展战略的重要人文地理背景。

中图版因为以京津冀为主要案例，因此其所用图表的总量远多于湘教版。除增加“京津冀地区地下水开采情况”“工业分布情况”专题图外，作为引子的“探索”栏目中有一幅“北京市域的国道示意”图，在“作业题”栏目中还有一幅“首都地区环线高速公路示意”图。虽然没有湘教版的

"京津冀协同发展定位"图,但相关内容在文字中有很充分的表述。从教材篇幅看,中图版约有7页,湘教版则只有3页。

（三）对各版教材编排的分析与讨论

以上仅仅是对各版本教材中所用专题地图与图表的比较分析,并没有包括与其配套的地图册、练习册中的图表。其次,在实际课堂中,教师当然可以根据需要补充或弃用某些图表,而不必拘泥于教材。特别是人文地理方面,待到上课之时,许多实际数据、实际情况可能与教材资料出现明显不同。重要的是,通过以上的比较与分析,有必要回过头认真地审视课标"必修内容要求2.7"的指向问题。

"以国家某项重大发展战略为例"的这个"例"到底居于什么地位?对其具体内容到底应当做什么样的要求?显然,由于"例"的选择是自由的、开放的,因而各个"例"的具体内容就应该是平等的关系。因此,不存在某"例"应该掌握、必须掌握,其他"例"则可以放弃的情况。

那么,"运用不同类型的专题地图,说明其地理背景"是单纯的方法论意义吗?好像也不尽然。原因在于,我国的不同"重大区域发展战略"各方面情况差异很大,实际上很难归纳出一套"运用不同类型的专题地图,说明其地理背景"的范式。湘教版中"长江经济带发展战略"与"京津冀协同发展战略"是完全并列的关系,但前者用了7幅专题地图另加一张表、一幅示意图,后者则只用了5幅专题地图。此外,说明的具体内容与方式也差异很大。而同样是"长江经济带发展战略",人教版中只有2幅专题地图,鲁教版中则有8幅专题地图另加3幅柱状图。

从课标内容整体要求看,"必修内容要求2.7"是必修中唯一的区域综合内容,似应属"宽而浅"的要求。选择性必修2模块为"区域发展",它才是区域综合"专而深"的学习阶段。当然,要真正把"国家重大区域发展战略"的地理背景说明白,有时还是需要适当的"深"的。

三、本节内容反映地理核心素养具有完整性与充足性

高中地理的各章节内容当然是一个有机整体,它们共同指向学生地理核心素养的培养,并从地理学科的角度落实立德树人的根本任务。

与此同时,我们也应该注意到,不同章节内容在体现地理核心素养,促进学生地理核心素养达成方面也有着差异。有的直接,有的比较间接,有的比较全面,有的侧重于某一方面,有的起主体作用,有的起辅助作用。

以上区分并不意味教学实施中要厚此薄彼,因为部分是整体的部分,是有机联系的部分。但另一方面,我们也应该重视以上分析,从而更高质量、更有针对性地进行教学设计,更有效地开展教学。

按照以上的视角来分析"国家重大区域发展战略",显然,该节内容在反映地理核心素养方面具有高度的完整性与充足性,具体说明如下。

第一,区域认知。顾名思义,"国家重大区域发展战略"总是关于区域的,其中必然涉及对相关区域的认知。由于学生已经较为完整、系统地学习了部门地理知识,经过了多种多样的专门训练,因此,紧承其后的区域分析、区域认知,就可期望学生达到更高的水准。不论是空间—区域的视角、观点,还是相应的思维方式、方法与能力,以及区域综合、区域比较、区域关联、空间格局等,学生的表现与水平都将比初中阶段学习分区地理时明显进阶,与部门地理学习时的区域案例介绍也有巨大而本质的差异。

如表 4.2 所示,多个版本的教材在具体介绍"国家重大区域发展战略"之前,还安排了"区域发展战略"的总论,即该节内容并不仅仅以"某国家重大区域发展战略"案例介绍为目的,而是较系统、全面地介绍国家发展战略的总体和全貌,有的还包括国家战略规划整体性的时空发展脉络。这样一来,国家就作为一个区域整体而成为认知对象,这实际上是非常必要而重要的。这样的区域认知完全有别于俗套的"地理八股",而成为一种具有很高学习、探究、实践价值的活的区域认知。

第二,综合思维。显而易见,"国家重大区域发展战略"最能反映区域综合、要素综合、时空综合的要求,是培养综合观点,进行综合思维训练、提升学生综合思维能力的最佳载体。实际上,抽象、笼统地讨论综合思维,这是哲学而非地理的风格。如果到此为止,则"综合思维"对地理学科、对学生地理核心素养进阶的意义就较为有限。部门地理中也有针对具体问题的综合分析，但这只能说是“小综合”，还不是真正的地理学科意义上的综合。

如表4.2所示，除中图版以“京津冀协同发展战略”为主，以案例研究的方式介绍“长江经济带发展战略”之外，其余各版本教材都选用了后者作为主要甚至唯一的案例。这是因为，长江经济带所具有的分量、典型性、代表性与影响力都是居首的。同时，长江经济带也具有更大的综合思维价值。具体说，在一般的部门地理视角之外，诸如流域开发、“山水林田湖草”生态环境，横贯东西、连接南北、内引外联的作用地位，以及经济文化的多元性多样性——其综合性的内涵的确极为丰富。

第三，人地协调观。这与“综合思维”的情况类似，即如果仅仅将“人地关系协调”作为一种抽象、笼统的观念，一种观点来对待、来介绍，则地理就不成其为地理了。地理学科人地协调观的内容主要应该是具体区域及其发展中的人口、资源、环境和经济的协调问题，应该是具体的地理环境与人类活动的相互影响的方式、强度、结果及其规律，以及人们根据规律、秉持正确科学的观念所能够、所应该开展的行动。显然，最能够充分地体现以上这些具体含义的载体，正是国家重大区域发展战略。

我国的系列“国家重大区域发展战略”之所以提出、实施并不断发展而逐步变为我们身边活生生的现实存在，这正是人地协调观的需要，正是人地协调观的表现，也正是人地协调观的结果（当然，真正的协调也是永远在路上）。所有这些，既得益于包括地理科学在内的各门类学科的科学探究与认知，也源于党和政府的英明决策、坚强领导和有效组织，以及全体人民的不懈努力与奋斗。当然，还应该包括仍然存在以及必然不断出现的新的问题，它们共同组成现实的人地协调观的全貌。为着“立德树人”的切实实现，所有这些，教学中都是需要对学生有所说明的。

第四，地理实践力。地理环境是较为宏观、复杂的环境，地理学科所涉及的地理实践也是较为宏观、复杂的社会性人类活动。在现代社会中，个体性的考察、实验、调查等，其实已经不是地理实践的主体，也并不能对人们的实际行动及地理学科的实际发展发挥太大的作用①。什么才是我

① 陈杰.对“地理实践力”核心素养的一点思考[J].地理教学，2019(13)：49－63.

们最大、最重要的地理实践活动呢？不是别的，正是“国家重大区域发展战略”。

从认识与研究地理环境的角度看，正是围绕“国家重大区域发展战略”，由国家、政府、科研机构开展的高度组织化的考察、实验、调查在有效地运行并发挥着实际的作用。而每一项“国家重大发展战略”从提出、论证、制定到实施、发展——特别是其中的实施与发展，则更是千万人民在党和政府的组织下进行的最为实在的地理实践活动，诸如环境整治、资源开发、基础设施建设、产业发展、人们生活方式改进、文化流变等。正是在上述这样的活动中，才体现出人们的地理实践力，才体现出人们的行动意识和行动能力、意志品质和社会责任感等素养①。因此，可以说，“国家重大区域发展战略”教学对于培养、提升学生地理实践力核心素养是最为适切、最为重要的。

综上，“国家重大区域发展战略”一节内容确实非常完整，充足地内含着地理学科的四大核心素养。作为一个完整的整体，四大核心素养在“国家重大发展战略”中天然地、高度聚集性地融合在一起。因此，该节内容的教学既是培养学生地理核心素养的最佳课堂、最好机会，也是展现、评价学生核心素养发展进阶的最好的现实情境、复杂情境。

四、对本节教学的若干建议

首先，在学习重点案例的同时，注意国家区域发展战略的整体性。课标的内容要求是“以国家某项重大发展战略为例”，因此，教材当然要在诸多国家重大区域发展战略中有所取舍，并对其所举的例子进行重点介绍。但经过认真深入地加以分析可知，国家重大区域发展战略实际上是一个覆盖全部国土（其实还包括全球化视角下的国际联系）的完整整体。它们共同指向国家整体的协调发展与共同富裕。因此，在具体案例之前或之后，教材中还有介绍国家区域发展战略全貌的总论、概述或总结，这实际上是非常必要且重要的。这对于“立德树人”、对于地理核心素养的培养，都具有重要价值。

---

① 陈杰.对“地理实践力”核心素养的一点思考[J].地理教学，2019(13)：49－63.

其次，在把握区域发展战略普遍性的同时，注意具体区域发展战略的特异性。如前所述，“长江经济带发展战略”受到了各版本教材的青睐，它的代表性、普遍性、典型性都较突出；尽管如此，指望通过这一个案例的学习就对其他案例也应知尽知是不可能的。否则，区域认知就没那么重要了。为此，我们应该特别注意各区域发展战略所显示的特异性。只有紧密结合相应地理背景清楚地分析、认识这些特异性，才能有效地实现核心素养的进阶要求。具体内容可参考表 4.5。

表 4.5　各区域发展战略的特异性表现

区域发展战略	特异性表现
长江经济带发展	发展条件优越的内河经济带，横贯东西，连接南北
京津冀协同发展	人口、经济密集地区优化开发，疏解北京非首都功能
粤港澳大湾区建设	湾区经济，开放性突出
东北振兴	老工业区衰落
黄河流域生态保护和高质量发展	强调生态保护和发展质量
“一带一路”倡议	国际性
西部大开发	部分地区生态环境脆弱，发展落差大

再次，注意区域发展战略的动态性、发展性。国家重大区域发展战略都是现实的正在实施中的战略，有的已经进行了相当长的时间，多数都还需要相当长的时间去实施，雄安新区的建设更被明确为“千年大计”。因此，本节内容的教学不能仅仅关注既有的资料与信息，而必须高度重视各发展战略的动态性与发展性。这也正是该节内容独特的实践性价值，独特的现实情境、复杂情境和“不良结构”情境的价值所在。

最后，联系国家发展进入新时代的大背景，注意物质文明、精神文明、生态文明三重内涵并重。国家的重大区域发展战略当然是国家整体发展战略的一部分，是国家整体发展战略的具体表现、具体实施。目前，我国处于自近代以来最接近实现国家民族振兴的新时代。新中国 70 余年的建设积累使我们实现了温饱、奔向小康、走向富强。相应地，这也使得我们的国家重要区域发展战略更加科学、更加合理,更加具有综合性与可持续性,更加强调人地关系和谐等。诸如粤港澳湾区强调“宜居宜游宜业”,长江经济带强调“共抓大保护,不搞大开发”,黄河流域强调生态保护和高质量发展等。这些当然可以说都是区域发展的应有之义,但在具体实施中人们强调什么、侧重什么、关注什么,则是需要时代条件并带着时代主题的印记的。

第六节　对地理学科考试与教学关系的一点思考

长期以来,“应试教育”都是我们社会教育批评的主要对象,其弊端、其消极影响也的确客观而真实地存在。但从另一方面讲,考试与应试实际上又是教学活动中必然且重要的组成部分。除非完全、根本否定考试对于教师教学效果检测及学生学习效果检测的有效性,否则,那种没有考试的纯粹的教育就只能是一厢情愿的空想。

另外,即使“不应试”,学校、教师及学生需要“应”的其实还有很多,比如检查、活动、展示、竞赛……这些事项在让我们热热闹闹、欢欢喜喜的同时,其实也同样是有其弊端和消极影响的,只不过因其本身发展得有限,因而其弊端和消极影响也表现得有限而已。在人们的想象中,什么都不“应”的教育大概才是最为理想、最为自然的,但这样行得通吗?这样的教育存在吗?

现实中,“应试”其实是一方面在被极大地批评否定,另一方面其实又是在被极大地强化看重,教师和学生其实都深知其中滋味。这种极为矛盾的现象有没有办法获得统一呢?笔者以为,答案当然应该是肯定的。办法就在于我们应努力创设一种“不可应”的“试”——即一种不仅包含智育而且包含学生各方面素质表现的“试”,一种依赖题海反复强化操练却无法考得到高分的“试”。用专业的话语来说,就是改革测评,改革考试,改革命题,通过这些改革来回应学科核心素养的要求,来回应教育“立德树人”的要求,来回应社会对“应试教育”的批评。

本节不说宏观上的测评改革(如上海的高考改革已纳入了综合素质测评内容),单就地理学科的考试与教学的关系做点探讨。因为作为学科教师，即便是“不可应”的“试”，只要是“试”，教师和学生们都还是必须要“应”的。从源头上说，考试的功能本就是在检测教学的同时又引导教学的，考试实际上是教学体系内部天然的组成部分，它与教学共同组成为一个系统的。教学当然是要回应考试的，按照课程标准的要求，地理教学要“立德树人”，培养“核心素养”，考试的设置正是要考核这些要求的达成度。既然如此，则教学与考试怎么可能不是统一的呢？除非是天才教师与天才学生的组合，否则，完全不考虑“应试”的教学怎么可能成功地达成教学目标呢？

回顾历史，实际上不论地理教学还是地理考试，它们的出现和发展始终都是源于社会的需要和社会的发展的。虽然可能有所滞后、有所偏差，但更多的时候，它们都反映着社会的现实，契合着现实社会的需要的。这其中，考试对教学的推动与引导作用其实是极为巨大、极为重要的。以笔者的经验与观察来说，入职之初，多数青年教师实际上是茫茫然不知道教什么、怎么教的，但看看练习题、做做试卷就知道该干什么了；批一批学生的作业和试卷，就知道什么是重点，哪里是难点了。尽管他们中的多数人，此时可能还处于知其然而不知其所以然的状况。

具体地说，笔者认为，各类考试、试题对于地理教学的作用主要体现在以下三个方面。

一、使教学要求具体化、显性化、明晰化

以高中地理的第一个教学内容为例，学习要求是“识记主要的天体类型”“理解恒星、星云、行星、卫星、彗星和流星体的基本特征”①，对应的教材表述文字内容有1000字左右②。可以设想一下，如果不借助一定的试题练习而单纯地通过授课——不论授课采用怎样的技巧和手段，不论怎样画重点、记笔记，要达成上述的识记、理解的目标都是费力的，结果还多半是不太可靠的。相反，教学中通过适当的试题练习，则成功达成经得住考验的教学效果就简单且高效得多。请看下述几个题目的教学效果分析。

---

① 殷育楠等.上海市高中地理学科教学基本要求[M].上海：中华地图学社，2017：1.

② 白光润，江晔等.高级中学课本地理第一册[M].上海：中国地图出版社，中华地图学社，2008：2－3.

试题1:关于恒星和星云的特征,描述正确的是(　　)

A. 在宇宙中都有相对固定的位置　B. 都是由气体与尘埃组成

C. 两者都有巨大的质量　　　　　D. 恒星的体积和密度都较小

此题完全对应“理解恒星、星云、行星、卫星、彗星和流星体的基本特征”的教学要求,但通过该题突出了恒星和星云因质量大而被称为最基本天体的知识点(选项C),也突出了恒星与恒星特点的对比(选项B和C),还突出了天体及宇宙物质的运动属性(选项A)。

试题2:我国古代的牛郎织女、嫦娥奔月神话故事中涉及的天体分别是属于(　　)

A. 恒星和卫星　　B. 恒星和星云　C. 恒星和行星　D. 行星和卫星

此题对应“识记主要的天体类型”的教学要求,要求似乎比试题1低,但实际上学生的错误率更高。原因在于该题的回答实际上在课本知识之外还要求学生具有一定的文化常识与科普常识,即要知道牛郎(星)织女(星)是恒星——这在课标和教材中都没有明确的表述。教材中有一句“夜空里闪烁的点点繁星差不多都是恒星”①,如果不弄清楚这“差不多”的具体情况,错误就难免了。类似的还有如下试题。

试题3:在乡间,在晴朗的夜晚,仰望苍穹,繁星满天。这些星星基本上是(　　)

A. 恒星　　　　B. 行星　　　　C. 卫星　　　　D. 彗星

这类题重点实际上并不在于背出“夜空里闪烁的点点繁星差不多都是恒星”这句话,而是应该引导学生对星空有所观察,引导学生了解星空观察在古代社会与科学发展史上的重要地位,从而使学生真正成为一个有文化素养与科学素养的人。这些在课标和教材中并没有明确的表示,社会共识可能默认学生们应该如此,但实际上许多学生并非如此。但回答这道题目可以很好地补上这一课。

教学中的确有这样的情况:同样的题目因为练习了多次,学生一看题目就知道答案了,但还是不懂题目的意思。这可能是“应试教育”最被嘲

① 白光润,江晔等.高级中学课本地理第一册[M].上海:中国地图出版社,中华地图学社,2008:1.

笑否定的荒唐之处。但这种结果反映的只是对题目的讲解与理解的不到位,并不能说题目本身及其价值有问题。这也并非包括笔者在内的任何教师实际教学的指向。何况,现在重要的考试都是专家命制的新题。上述那样的学生(不管是教师的原因还是学生的原因,或者是共同的原因)实际上不可能在重要的考试中获得高分,在现代考试制度下所谓“高分低能”的情况实际上不太容易出现。

二、提供地理知识与技能应用的范例及变式

地理学科中的许多比较复杂的原理、比较重要的规律及与之相关的使用技能,学生必须在范例应用中才能真正掌握并熟练应用,离开了范例,那些原理、规律、技能实际上就会失去活性而成为僵化无用的教条。以“区域开发”这个内容为例,单纯地讲区域开发的过程、步骤、原则、原理,很难有什么实际的效果和价值。实际上,中图版高中地理拓展性课程教材本身的重点似乎也是在讲范例,是在通过范例来讲原理,体现规律。但在实际教学中,在相当广泛的范围内,教师们较少甚至基本不用课本上的范例,取而代之的是使用上海各区一模卷、二模卷。不论是在以前的“3+1”高考模式下,还是在现行的“3+3”考试模式下,这种现象都普遍地存在。原因就在于这些试题中提供了具有时事意义的、更鲜活的情景性范例;而且,因其试题属性,这些范例资料的问题指向更明确,技能训练更到位;同时,它们在较好地覆盖课标教学要求的同时还不乏一定的拓展性、延伸性。

以一线教师的眼光来看,笔者觉得这些出自各区教学领导专家(教研员)之手的试题多数都达到了很高的水准,这应当是他们相当重要的教学研究成果。这些试题一方面要检测评估本区各校的教学情况,另一方面又是公开的、交流使用的资料,即无形中彼此间是展示的关系、比较的关系。这自然地引起了他们的高度重视,从而促成这些试题形成较高的水准。至于出自考试院专家们的历届考试题目,当然水平更高,更引起地理教学的所有相关方极大重视,并成为后续地理教学与复习的事实参照。对这样的情形,我们称之为“高考指挥棒”,要科学地、理性地看待“高考指挥棒”现象。它反映的正是考试与教学实际上共同组成一个具有自我反馈功能的系统。

地理学科中原理、规律的运用，技能的熟练掌握，核心素养的养成只有在相当程度的范例处理中才有可能达成。离开情景与范例，绝大多数的地理教学要求，特别是那些有深度的、较高层次的要求较难实现。教材中的范例相当经典、相当重要，应该讲深讲透，但其数量有限，其广泛性、现实性都不充足；教师在教学中创设新颖的、高质量的情景当然会具有很好的课堂效果，只是这样做所需要的时间、精力与能力对多数教师来说都只能偶尔为之。因此，最为简单且行之有效的途径还是凭借来源广泛的各类试题。当然，这并不排斥教师个体性的绝招秘技，而且在海量的资料中还有个选择的问题，更有如何编排、改造使用的问题，对此这里就不展开了。

三、灵敏地、领先性地反映社会理念的新变化和学科的新发展

教学要求、课程标准及教材等一经制定就具有相当的稳定性，它们都是众多专家在广泛吸纳意见与深入研讨后形成的成果。但正所谓“我们叫作开始的往往就是结束，而宣告结束也就是着手开始”①，包括教学理念在内的社会理念实际上是持续演化发展的，正式的业已成文的东西总是有着滞后性。相反，每年、每学期都要重新设计编排的题目在适应这种变化方面则要灵敏得多、领先得多。正因为考试命题是这样的要求，作为包含应试任务的教学就必须对此作出反应，并由此使得教学呈现出适应社会发展的灵活性。

以新课标为例，其选择性必修 2 中列入了“结合‘一带一路’倡议，说明国家之间协作发展的重要意义；以某资源枯竭型地区为例，分析该类地区发展的方向；以某生态脆弱区为例，说明该类地区存在的环境与发展问题，以及综合治理措施”等。在选择性必修 3 中列入了“结合实例，说明海洋空间资源开发对国家安全的影响；结合实例，说明设立自然保护区对生态安全的意义”等②。就课程标准及教材而言，这些都是新的内容，但

① 蒋凤丹.当颠覆式创新遇上范式[J].地理教学，2018(5)：1－1.

② 中华人民共和国教育部.普通高中地理课程标准(2017 年版)[S].北京：人民教育出版社，2018：13－15.

对于地理教师们来说，大家对此并不觉得新奇和意外，因为相关的试题其实早就出现过了，甚至在正式的考试中都出现过了。在大家的感觉上，新的理念及材料进入课标、进入教材实际上已经是顺理成章、理所当然的事情。地理学科中前沿发展成果、地理事物现象的重大变化及地理建设的重大成就之类也是类似的情况。

有研究认为，不论什么学科，对一个知识点的掌握一般需要同类练习20次，少于这个练习量学生就不易掌握，因此所谓题海战术、“过度学习”实际上也有一定的必要性①。就笔者的经验，用不着“20次”这么夸张，但这也说明了应试的成功其实未必是某些人以为的低层次的、无足轻重的成功。有人反对标准答案，认为其抑制创新思维。殊不知，标准化考试的源头正是他们认为创新最活跃的国度——美国。而且，什么样的题目、怎样的答案，这都是考试范畴内部的问题。有意见把“育人”“育德”跟所谓“育分”对立起来，实际上，“分”不过是对“人”某方面素养表现的量化指标而已。要评价、要比较就总得有个指标，用分数、用等第或别的内容，有什么本质不同呢？

考试、应试、教学……问题总是有的，但只要试题是合理的、科学的，考试是合理的、科学的，则“应试”的成功应该也是教学和教育的成功吧。

① 杨爱丽.我国高中地理教材作业系统发展回顾与思考[J].中学地理教学参考，2017(10)：14－16.

附录　纪行咏怀

古典诗文对所有汉语的使用者、学习者都有着无限魅力。浸润既久，行之所至、兴之所至，笔者也积累了几首读着比较顺溜的诗文作品。它们既与笔者的地理教学生涯密切关联，也是“歌诀法教学”得以发展形成的基础，故选录若干。

1. 回攀枝花(三首)

其一

川滇间,多荒山?随手拍,随眼看。山溪急,山路弯。白云邈,山村小。偏有那,花椒香麻,芒果肥甜,鸡枞美鲜。

其二

高楼依山边,层层直上白云间。花草似曾识,大妈舞蹁跹。瓜果最玲珑,彝妇市不闲。武侯何谓不毛地?民堪丰,物堪阜,谁比肩?

其三

百丈高楼万仞山,独寄幽情白云间。青山如醉花如海,春来木棉枝可攀。

注:笔者的家乡是位于川滇间的攀枝花市,因三线建设而兴,乃诸葛武侯所谓“五月渡泸,深入不毛”之地。现在看,这里的地理环境其实极具特色。它的山的确不像蜀中和江南那样的灵秀,是荒野的:一是缺土,二是缺水。但在攀枝花工业的支撑下,缺水则抽水,缺土则补土(先修路,然后将建筑施工产生的废土装运倾倒在荒坡上)。于是荒岭野山就变成了金山银山。木棉树即攀枝花,春季先有繁花再生枝叶,又名英雄树。

2. 张掖纪行(五首)

其一

云雀难驱暑,幸得西北走。朝辞长江头,短衫犹汗出。风过忙加衣,是梦到河西?彭浦小组团,行必有师焉。背负青天看,吉祥越河汉。课上黄土原,今日识真颜。真颜绿意少,不觉心烦恼。更兼向凉州,所见多荒丘。祁连何处是？滋润此甘州。甘州广沃野，为国张臂掖。所产尽珍馐，一醉甜美夜。

注：2018年，笔者参加学校张掖疗休养团。“云雀”为离沪时影响上海的台风名，“吉祥”为所乘飞机公司名。

其二

素知张掖绿洲地，猛见苍茫水泊园。芦苇荡，荷花淀；鱼游戏，鸟鸣间。江南女儿忘江南，甘州也宜采红莲。

注：笔者游张掖湿地公园，的确意外而惊奇。

其三

甘州忆，最忆古传奇。张骞为使十年归，去病征伐如卷席，年少霍骠骑。

其四

甘州忆，传奇今古续。孤寂三藏向真经，暮壮左公植新绿，丝路舒长臂。

其五

久疲本当疗，积劳自宜休。百事有打点，跟团真自由。相伴老同事，相看新兴头。塞外风俗奇，歌舞兴致稠。琐事随风吹，逸趣随风流。飘飘欲仙姿，悠悠极目瞅。丘山称丹霞，锦绣妆绿洲。远上白云间，玉关杨柳烟。何求夜光杯？沉醉此河山。归来灯未阑，仍嘱报平安。成事总不易，无事心倍暖。打油闲余心，孜孜在杏坛。撸袖新学期，养气沉丹田。

注：此可为学校张掖疗休养的总记。作为地理教师，游兴是浓的，游力却不足，故最喜跟团游。此次旅行组织工作非常周到细致，甚感动焉。

3. 游黄果树瀑布

久闻黄果树，知奇未谓奇。天梯直下三千尺，溪流宛转人如织。悠悠游兴匆匆步，瀑布之水知何似？雪浪翻跌百丈崖，殷殷龙吟十里地。飞珠溅玉远相迎，欲摄此景眼迷离。匡庐美瀑空相望，黔山黔水蕴珍奇。风衣阳伞遮不住，举案齐眉——与尔倾心秀亲密！百转百变百番景，转入水帘洞中天。西游神怪事？真迹在此间。猴影幢幢嬉戏地，何人到此不流连？流连忘返驻足难，驻足回望唤苍天！久闻黄果树，此奇梦不见。

注：久闻黄果树瀑布盛名，笔者原以为知奇则不足为奇。结果从高高的电梯直下溪谷，顺着宛转的溪流前行，隐隐闻其声，猛然见其光，沛然被其雾，恬然与其齐眉，幽然入其幕后，为之心醉、为之震撼，真是百闻不如一见也。

4. 游日本京都

京都曾为都，鸭川仍凫鸭。小街洁复洁，游客去还来。脉脉山无语，悠悠水不息。百年又千年，谁解日之丸？

5. 游大阪中央公园

隆冬天气，西风吹寒，晴日欲暖无力。大阪中央，游人如织，漫想樱花时节。天守高阁，巨石堆砌，秃鼠丰臣秀吉！以小制大，相扑聚力，刚强还须忍得。降如朝露，散如朝露，大阪梦生梦灭。几轮烟火，地上地下，匆匆都是过客。

注：笔者游大阪中央公园，在网络搜索了一些相关故事，丰臣秀吉《辞世歌》谓：朝露般降临，朝露般消散……大阪的往事，宛如梦中的梦。

6. 华东师大校友日感怀

三十年前“青葱”，欣欣上学途。师之范，在华东。岛外夏雨歇，丽娃波影中，可叹太懵懂。

三十年来逐梦，碰壁面壁能破壁？求一功，不轻松！师友喜相逢，众里识高朋，瑜亮借东风。

注：笔者并未亲往，是微信朋友圈见校友日盛况有感。夏雨岛、丽娃河为华东师大中北校区最著名的景点。

7. 教师节三十周年感怀

金风送爽，开学季，又迎懵懂学子。课磨千遍，错题集，灯光漂白四壁。张三成功，李四发财，泛起千层漪！重回母校，竞说童稚糗事。

遥忆八五当年，市场初放了，清贫谁守？潮起潮落，弹指间，勃勃大国崛起！科教兴邦，多情莫笑我，华发无悔。中国有梦，夜阑静望月明。

注：2015 年为教师节设立三十周年，适逢中秋。

8. 浣溪沙 · 1921—2021

长夜漫漫赤县天，水深火热党初建，前仆后继推大山。

百年回首疑是梦！百年变局几多难？滔滔江水只向前。

注：《史记 · 孟子荀卿列传》说，中国名曰赤县神州。革命史将我国新民主主义革命时期的三大敌人帝国主义、封建主义、官僚资本主义称为沉重地压在人民头上的三座大山。习近平主席在 2018 年中央外事工作会议上说，我国当前处于近代以来最好的发展时期，世界处于百年未有之大变局，两者同步交织、相互激荡。

图书在版编目（CIP）数据

沉思沉吟为课堂：我的地理教学实践与思考 / 陈杰著. — 上海：上海教育出版社，2021.8
ISBN 978-7-5720-1113-9

Ⅰ. ①沉… Ⅱ. ①陈… Ⅲ. ①中学地理课 - 教学研究 - 高中 Ⅳ. ①G633.552

中国版本图书馆CIP数据核字(2021)第156614号

责任编辑　戴燕玲
封面设计　蒋　好

沉思沉吟为课堂：我的地理教学实践与思考
陈　杰　著

出版发行　上海教育出版社有限公司
官　　网　www.seph.com.cn
地　　址　上海市永福路123号
邮　　编　200031
印　　刷　上海龙腾印务有限公司
开　　本　700 × 1000　1/16　印张 12
字　　数　179 千字
版　　次　2021年8月第1版
印　　次　2021年8月第1次印刷
书　　号　ISBN 978-7-5720-1113-9/G · 0872
定　　价　59.80 元

如发现质量问题，读者可向本社调换　电话：021-64377165